JN141232

＼2020を越えて勝ち残る／

インバウンド戦略 12の極意

観光立国の礎《いしずえ》は
シビック・プライドにあり

日本インバウンド連合会 理事長
中村 好明 NAKAMURA, Yoshiaki

時事通信社

まえがき

私は、ドン・キホーテホールディングス（2019年2月1日からは、「パン・パシフィック・インターナショナルホールディングス」へと商号変更される）傘下の株式会社ジャパンインバウンドソリューションズ（JIS）の代表取締役社長という毎日の「米仕事（こめしごと）」に加え、「日本インバウンド連合会（JIF）」の理事長・「国際22世紀みらい会議（Mellon22）」議長その他多数の公共的役割を担い、微力ながら「花仕事（はなしごと）」にも積極的に取り組んでいる。

ここであらかじめ、このあと本文でも多用することになる、「米仕事」と「花仕事」という言葉の定義をしておきたい。この二つの言葉は、JR九州をはじめ、日本各地の観光列車のデザインで有名な水戸岡鋭治さんがもともと造った言葉だ。水戸岡さんは岡山県の農村の出身ということで、幼少期から農家の暮らしを見てきたという。農家の人々は朝の日の出前から自分の田んぼに出かけて農作業をする。自分が食っていくための仕事、これが「米仕事」である。

そして、午後も陽が陰って来る夕方になると、ムラビト総出で、農業用水路の沈殿した泥を浚渫《しゅんせつ》したり、浮草を除去したり、土手の草を刈ったりして、水路の流れをよくする。また自分の田んぼに渡っていくための丸太橋もみんなで架け替えたり手入れをしたりする。あるいは、村の鎮守の神様の祭りの準備もする。今と違って昔は日照りや虫の害があった。灌漑《かんがい》設備が充実し、農薬や肥料をまいておけば実りが保証されている今とは違っていたのだ。農業にも神様のお手伝いが必要不可欠だった。

こうした村祭りの準備も大切な「花仕事」であった。このムラビト総出の「花仕事」への奉仕によってのみ、農家の各田んぼに水が行き渡り、豊かな稲の実りが手に入るのだ。自分の田んぼの目の前の農業用水路だけを浚渫しても、水は流れて来ない。地域を良くする「花仕事」こそが、自分が食っていくための「米仕事」の成果を生み、地域全体が持続可能になっていたのだ。

インバウンド（特に広義のそれ）の領域における成果の有無は、まさにこの「花仕事」への取り組みにかかっていると強く思っている。私は、明治以来、もっと厳密にいえば、戦後以来、私たち日本の社会において、人々は「米仕事」にばかり集中してきたように思う。自社の売上（公共セクターの人々は自らの行政領域の成果）ばかり、自分の立身出世にばかりフォーカスし過ぎてきたのだ。そして、私は税金を払っているのだからということで、「花仕事」は国や都道府県・市町村などの自治体にのみ任せてきたのだ。ここで、一つ補足しておきたい。国や地方公共団体・各種公益団体の職員や国会議員や地方議会議員の方々の仕事は米か花か、というと、これはすべて「米仕事」であるということだ。報酬を得て働く仕事は、仕事の内容にかかわらずすべて「米仕事」なのである。「花仕事」は、原則無報酬の（すなわち直接的対価や見返りのない）、純粋な社会への奉仕の仕事なのだ。

そして過日、この「米仕事」と「花仕事」の両方に取り組む重要性について、名古屋のシンポジウムで私が発言した際、一緒に登壇した地元の大学教授から、「中村さん、その通りだね。日本では〝米〟へんに、〝花〟のつくりで、〝糀《こうじ》〟となる。米と花の両方の仕事が大事だね。そうすると、その地域は、糀の力で発酵され、美味い酒のように、良いまちになる」という、うれしいコメントをいただいた。私は、同教授の示唆に富んだこのコメントから強くインスパイアされて、その力を「醸《かも》す力」と名付けている。

このあと本文でも改めて詳しく述べるつもりだが、狭義のインバウンド、すなわちインバウンド・ツーリズムの趨勢《すうせい》は、今や個人手配旅行（これを業界用語でＦＩＴという）中心に変わってきている。急速に訪日旅行の形態は団体旅行から個人メインにシフトしているのだ。かつて主力だった団体の訪日ツアーは、A地点の観光施設からB地点のドライブインやC地点の温泉ホテルに移動する。点と線でしかない。そこには、地域との接点はほとんどなかった。今は違う。訪日の個人客は、特定の宿や店にやって来るのではなく、まち全体の魅力に惹かれてやって来るのだ。点と線ではなく、面としての地域にやって来るのだ。

これまで以上にまち全体の魅力アップが不可欠な時代になっている。インバウンド客を呼び込もうと自己の「米仕事」だけに張り切っても、結果が小さい時代なのだ。このようなＦＩＴ中心の時代こそ、「花仕事」の重要性が増してくる。

また、狭義のインバウンドに加え、広義のインバウンド、すなわち優れた才能を有する外国人留学生の招致や外国人就労者獲得、移民受け入れなどの領域においては、「米仕事」だけでは到底、大きな成果にはつながらない。地域全体のシビック・プライド（本文の第２章で詳述する）の醸成、そして国際交流活動が不可欠となる。こうした領域は、個々の「米仕事」のプレヤーの取り組みだけでは、実りある大きな成果を生み出せない。「米仕事」と「花仕事」の両方に取り組むことによって初めて生まれる、右述の「醸す力」＝糀のような力が必要不可欠となるのだ。

おそらく、いま本書を手に取っている皆さんのなかには、インバウンド分野における、自らの目の前の「米仕事」（日々のビジネス）の直接的成果を求めている方々の方が多いかもしれない。当然のことだと思う。ただし、私は、そのような皆さんにも、ぜひもっともっと大きな、そして持続可能な「米仕事」の成果を得るためにも、具体的な「花仕事」の進め方や、それに取り組む上で重要な考え方を習得していただきたいと願っている。そして本書の知識を活用することによって、最終的に各自の自社の組織や自地域のみらいを創る「醸す力」を身につけて、ご自身の人生の永続的成功をも手にしていただきたいと強く願っている。

それゆえ、**「2020を越えて勝ち残る」**ためにも、以下の三つの前提で本書を読み進めていただきたいと思う。

①「花仕事」と「米仕事」の両方のマインドで本書を読む。

②単に知識を頭に入れるばかりではなく、自らの中に生じる新しい意識の変化に耳を澄ましながら読む（頭を柔らかくして読んでいただきたい！）。

③本書の内容を、自らの日々の「米仕事」「花仕事」にどう活かし、具体的に実践していくべきかについて考えながら読む（現状において、まだ「花仕事」に取り組んでいない方は、これからどういう「花仕事」に取り組むべきか・取り組みたいかについても考えながら読む）。

本書は、まず序章「日本のインバウンドの現在・過去・みらい」において、わが国のインバウンド振興の歴史を振り返り、現状の課題を剔抉《てっけつ》し、みらいへの展望を語るところから始まる。続いて、第1章では、2019年のラグビーワールドカップ、2020の東京オリンピック・パラリンピックに向けてどう取り組むのか、特にレガシー（みらいへの遺産）創出のためのヒントについて述べる。第2章では、「市民にとってのインバウンド」、特に本書のサブタイトルにもなっているシビック・プライドの重要性について述べる。また、第3章では、本書のメインタイトルである、**「勝ち残るインバウンド戦略⓬の極意」**の各項目について詳述していく。そして、最後の第4章では、明治維新の分析の中から、真の観光立国の礎《いしずえ》を見いだしていく。もちろん、興味のあるどの章から読み進めていただいても結構ではあるが、ぜひとも、この「まえがき」に加え、本書の最後の「あとがき」だけは最初に読んでみていただきたいと思う。

なお、各章の末尾には、本文とは別に、わが国の観光立国分野における唯一の専門週刊誌である『週刊トラベルジャーナル』の巻頭コーナーである「視座」に、私が毎月連載させていただいているコラムを、同誌編集長のご快諾のもと収録している。本文と併せて読んでいただければと思う（なお、この1年余のうちに同誌に掲載したコラムや特集号記事のうちの一部は、直接転載せず、可能な限り本文の中に組み込んでいる。また転載されているコラムの内容は、特に注記することなく、直近の数値やファクトに照らして加筆修正している）。

本書を書き上げるにあたっては、実に多くの方々のご支援をいただいた。貴重な知識や有益な先進事例についてのご教示、また画像や図表のご提供など、ご多忙の中、ご協力いただいた国内外のすべての皆さまに、この場を借りて深く感謝の意を述べたい。また、最後に時事通信出版局の皆さまには本書の出版に向けてタイトなスケジュールの中、ご尽力いただいたことに、心より御礼を申し上げたい。

２０１８年11月吉日

中村 好明

目次

目 次

第2章　市民にとってのインバウンド

第3章　勝ち残るインバウンド戦略 ⑫の極意

第4章　ニッポンの課題をインバウンドで解決する

目　次

◆装幀・本文デザイン　清水信次
◆カバーイラスト　庄司　猛
◆編集協力　島上絹子（スタジオパラム）

序章

日本のインバウンドの現在・過去・みらい

▽災害大国ニッポン

2018年4月14日、私は仙台青年会議所（JCI）のお招きで「仙台（まち）のおもてなし戦略～地域を活性化する連携の力～」と題する講演を行い、併せてシンポジウムのファシリテーターを務めた。JCIの幹部から事前に一つの依頼があった。

「中村さん、講演の前に一緒に訪問してほしい場所があります。それは2011年3月11日に発災した東日本大震災で地域が丸ごと犠牲になった仙台市内の荒浜《あらはま》地区を視察してもらい、被災後復興しつつある仙台の被災の現場を体感してもらいたいのです」

私はもちろん快諾し、講演当日は東京を朝早く出て、JCIの関係者と共に講演会場に赴く前に、震災遺構の荒浜小学校跡を視察し、荒浜に建立された大きな観音像の前で犠牲者の方々の慰霊のために手を合わせた。高さ10メートル超の観音像の冠部が、ちょうど津波の高さを示しているとの説明を聞いて、津波の凄《すご》さと規模を実感し、犠牲者が受けられたであろう苦難の大きさに改めて圧倒された。そして、その日の講演会では、心なしかいつもに増して、会場の仙台市民の皆さんとの距離の近さを感じることができた気がした。

そもそも現在、私が理事長を務める一般社団法人日本インバウンド連合会（ＪＩＦ）の原点は、この３・11の東日本大震災後の壊滅した過酷なインバウンドの状況下にあった。電力不足によって、この年の東京をはじめとする東日本は、計画停電が実施され、また空港も主要駅も照明が暗く、さらに同年３月23日、東京都水道局金町浄水場から乳児が摂取できる基準を超える放射性ヨウ素が検出され、同浄水場の水を利用する東京23区他で乳児の摂取を控えるよう求めると発表されたことで、一気に首都圏の店頭から水のペットボトルが消えた。私は、当時はまだドン・キホーテの社長室に所属していたため、店頭のミネラルウォーターの仕入れ確保の特命を帯び、各地の水の製造元との商談のために全国行脚を行いつつ、併せて、インバウンド・プロジェクトの責任者として日本各地、そして海外のパートナーと共に訪日旅行市場の復活に向けて東奔西走して悪戦苦闘していた。

仙台市荒浜の観音像の前にて（筆者）

日本の各政府機関も各自治体も、民間企業も当時はまだバラバラの意識と知識レベルでインバウンドに取り組んでいた。

旅行会社・ランドオペレーター・観光ホテルやドライブインなどがバタバタと倒産したり閉店したりしていた。そうした混乱の最中に私は、いつの日か、日本の官民のすべてのインバウンドプレーヤーが結集する連合会のようなものが必要となる。いつの日か、そのような団体をすべての関係者の皆さんと共に設立したいと願った。当時はまだ、明確に目標設定されてはいなかったものの、まさにそのときの着想こそ、その後準備に5年間の歳月を要したが、現在のJIF誕生の原点となった。

この2018年もまた、天災が頻発した1年であった。大阪府北部地震が、6月18日に発生し、大阪府内で死者5名、2府5県で負傷者435名もの被害があり、続く「平成30年7月豪雨」では西日本の15府県で計227人が犠牲になった（平成に入って最悪の豪雨災害）。そして、その被害総額は1兆円を超えた。また、死者13人を出した9月4日の台風21号による高潮被害、そしてタンカーの走錨による関西国際空港連絡橋の損傷では、インバウンド客も空港に足止めになり、甚大な被害があった。続く9月6日には、北海道胆振東部地震が発生し、北海道全域で電力が止まる「ブラックアウト」までもが起き、この全道停電の影響で新千歳空港、鉄道も全面ストップした。さらに、9月末に日本列島全部を襲った大型台風24号もまた、各地に甚大な被害をもたらした。まさに、日本は災害大国である。

それゆえ、この日本において、世界から訪日の旅行客を呼び込み、本気で世界最高峰の観光先進国を目指していくのであれば、他のどの国にもまして、インバウンドの分野において世界最高レベルの災害対策プランの確立は、不可欠の義務であろう。平時からの防災減災対策、とりわけ災害時の訪日外国人旅行者（以下、訪日外客）の安全確保対策・避難誘導手順の確立、また、発災後の訪日外客向けの正確かつタイムリーな被災状況・公共交通機関の運行状況等の伝達体制等の整備が不可欠となる。

先述した通り、東日本大震災こそが、わがＪＩＦの設立の原点である。それゆえ、ＪＩＦとしても、大災害時に備え、政府や各自治体その他関係者と連携し、オールジャパン体制で平常時の観光情報に加えて、訪日外客への迅速かつ網羅的な災害時情報を提供するための、新しいプラットフォームづくりに着手している。

▽山あり谷ありの観光立国の歩み

15年前の２００３年1月、当時の小泉純一郎首相が、２０１０年に訪日外客数を１０００万人にし、観光立国を目指すという構想を発表した。それを受けて始まったのが、国土交通省が旗を振る訪日旅行促進活動である「ビジット・ジャパン・キャンペーン（ＶＪＣ）」であった。

この2003年当時における訪日外客数は、わずかに521万人。それが、その5年後の2008年には835万人の過去最高（当時）を記録した。私が、先ほど言及したドン・キホーテグループのインバウンド・プロジェクトの責任者に就任したのは、まさにこの2008年の7月1日。インバウンドの「イ」の字も知らなかった私が、初めて訪日観光市場に関わるようになったのは、ちょうどこの年であった。

観光庁が国土交通省の外局として設立されたのもこの年の10月1日である（それゆえ、ちょうどこの2018年で、観光庁の歴史も私のインバウンド歴も10年目の節目を超えたことになる）。しかし、着任早々の同年9月15日に、アメリカ合衆国の投資銀行であるリーマン・ブラザーズ・ホールディングスが経営破綻したことに端を発して、秋から翌年にかけて連鎖的に世界規模の金融危機が発生し、急激な景気後退が起き、訪日市場は急速にしぼみ、この2009年には、再び訪日外客数は679万人へといったん大幅ダウンした。厳しい船出ではあった。しかし、日本のインバウンドは、不思議なほどの力強さでその後急速に回復していった。そして私も、無我夢中で活動する中で、やればやっただけV字回復していくインバウンド市場の大きな可能性に次第に魅せられていった。翌2010年には、訪日外客数は、リーマン・ショック前の2008年の実績を超えて、861万人にまで回復した。当時私は、無邪気にこの勢いで、そのまま一気に1000万人突破することを確信していた。

ところが、現実はそうはうまくはいかなかった。先述の通りの２０１１年の３・11東日本大震災という未曽有の大災害と、東京電力福島第一原子力発電所の重大事故の影響が重なり、観光立国への歩みは途方もない後退を余儀なくされ、同年の訪日外客数は６２２万人へと再び激減し、インバウンド市場はひとたび壊滅し、観光立国の歩みは振り出しに戻らざるを得なかった。ここから、先ほど述べた通りの私たちの真の挑戦・苦闘が始まった。２０１１年は長く長く厳しい試練の一年であった。

しかし、２０１２年末から始まった第2次安倍内閣によるアベノミクスによって一気に円安が進行したことで、訪日外客数が急拡大していった。２０１３年には、小泉氏が目標設定した２０１０年より3年遅れて、ついに年間１０００万人の大台を突破した。私は、先述のインバウンド・プロジェクトを分社化して、株式会社ジャパン インバウンド ソリューションズ（ＪＩＳ）を創業した。

そこからは日本全体も（お陰様でわがＪＩＳの社業も）、破竹の勢いで伸び続けた。私自身もその法改正のプロセスに関わった免税制度が２０１４年10月1日から施行され、翌２０１５年には、「爆買い」という言葉が流行語大賞に選ばれるほど、日本のショッピングの魅力が世界に伝わった。そして、同年の訪日外客数は１９７４万人に達し、２０１３年から数えてわずか2年で、２倍の２０００万人まであと一歩のところまで到達することとなる。またこの年、実に45年ぶりに、日本人の出国者数（アウトバウンド）を訪日外客数（インバウンド）が上回った。

そして2017年は2869万人。なお、この2018年は、先述した通りの、夏以降の相次ぐ災害によって、その伸びはかなり限定的なものとなるであろうが、3000万人を超えることは十分に見込めるだろう。

このように、日本のインバウンドは、幾多の外的要因と災害に翻弄されながらも、まさに不死鳥のようにそのつど蘇り、力強く伸びてきたといえる。VJCが始まった15年前と比べれば、実に6倍以上という爆発的成長であり、この伸び率は世界最高レベルと言っても過言ではあるまい。

近年ではさらに裾野も拡大している。訪日観光産業の中核である宿泊業だけでなく、周辺の各業種においても、訪日外客の売上高に占める割合が増えている。例えば飲食業であれば、2013年にはわずか業界全体の1・3％にすぎなかったのが、2017年には3・5％にまで伸び、訪日外国人による飲食消費額の伸び率は、この4年間で192・3％だ。

また、外資系のホテル（特にラグジュアリー系）が次々と日本に上陸していることを筆頭に、対日投資が増えている。ホテル建設だけで何千億円という投資も生まれており、それ自体が日本経済にプラスに寄与している。下落基調が続いてきた日本の不動産価格も各地で上げ基調に変わってきている。私自身、インバウンドに携わって10年余、振り返れば感慨もひとしおではある。しかし、はっきり言ってインバウンドはまだほんの黎明期にすぎないと思っている。むしろ、インバウンドはこれからこそ、本番だと思っている。

▽政府の観光立国への意気込みもいよいよ本気モード

２０１８年夏に訪台した際、私は台湾政府の周永暉交通部観光局長をはじめ、観光行政幹部ならびに民間の旅行業組合等の関係者を多数訪問し、意見交換をした。官民関係者から異口同音に漏れてきたのは、日本の観光立国政策の総合政策化への羨望の声だった。

「台湾ではまだ、政策面では交通部の観光局・地方自治体の観光局など一部の役所だけでインバウンド振興をやっている。民間では、主に団体観光の利害関係者のみが訪台観光振興に取り組んでいて、これから増やすべきＦＩＴ（Foreign Independent Travel＝個人旅行）振興に取り組む事業者も少ない。政府からの支援も限定的だ。首相官邸が先頭に立って指揮を執る日本がうらやましい」と嘆いていた。

隣国に来てあらためて、日本の進化を実感した。わずかこの2～3年でインバウンドをめぐる風景は一変しつつある。首都圏や京阪神圏などに集中していた訪日外客は今急速にＦＩＴ化し、リピーター化し、地方に拡散しつつある。

２０１３年３月の第１回観光立国推進閣僚会議から２０１８年６月の第９回に至る議事プロセスと政策実行の成果として、アクション・プログラム２０１８が策定されている。これは言うまでもなく観光庁だけで作成されたものではなく、首相官邸をヘッドに各省庁の個別政策を総合政策化することによって決定されている。まさにこの点にこそ、台湾の官民の関係者がこぞって羨望していたのだ。

５年以上前を振り返れば、観光立国政策は観光庁単独のマターにすぎなかった。予算も人員も限定的で、他省庁にとっては無関係・無関心な領域にすぎなかった。10年前は霞が関のどの役所を訪ねてもほとんど何の関心も示してもらえず、冷淡な対応しかなかった。隔世の感がある。

今は違う。インバウンド産業領域は日本の唯一の成長分野。各省庁が自らの存在感を示す上で最優先の政策領域へと大転換している。

▽観光資源の再定義と活用を

そもそも「観光（travel & tourism）」とは何か。世界観光機関（ＵＮＷＴＯ）の定義を要約すれば、「人々がレジャー・ビジネスなど多様な目的で日常生活圏外において、一年未満の期間内で行う諸活動」となる。観光を単にレジャー（sightseeing）と同義で捉えていては、そもそも世界の常識からずれる。日本の観光概念はいまだレジャーだけの狭義のレベルから抜け出せていない。観光立国とは、断じてレジャー立国ではない。この点において、今回のプログラムもいまだ不十分ではあるが、国際レジャー振興の総合政策化という点においてだけは着実な進化を遂げている。

「観光資源」とは、レジャー資源だけでは断じてないが、国有施設や文化財や国立公園のレジャー資源としての利活用プランなどは、格段の進化を示している。日本の人口が増え税収が右肩上がりの時代には、税金で国の重要施設や文化財保護や国立公園の保護管理運営は十分に賄えた。今は国も地方も税収は減り続ける。訪日外客をはじめ、ビジターからの観光収入の増収によって、そうした観光資源を維持管理し、さらなる資源の磨き上げに再投資していかなければならない。国有財産だからといって無料や超低額な料金のみの設定にする必要はない。付加価値をつけて選択肢を広げ、松竹梅の多様な料金設定を工夫すべきだろう。

日本の全産業、全土が本来、広義の観光資源なのである。高品質な物産や商品も日本人の生活文化そのものも、またそうである。広義の観光においては、特定の観光地だけが観光資源なのではない。各地の商店街や製造現場・伝統的工芸品の工房・酒蔵味噌蔵なども観光資源である。２０１７年10月に観光庁が打ち出した「楽しい国　日本」という新コンセプトに基づく従来にない視点でのＶＲ（仮想現実）や美容、ビーチの活用、各種国内イベントのインバウンド活用施策には大いに期待したい。ただし、「楽しい国　日本」とは、訪日客にとってだけではなく、必ず地元住民が心から楽しみ、交流して共に楽しむものでなければならない。

観光産業の基幹産業化と地方創生の実現で避けて通れないのが、日本版ＤＭＯ（Destination Management/Marketing Organization）の取り組み水準の高度化だ。残念ながら、どの地域においても、従来の観光協会やコンベンション協会の看板の付け替えだけに終わってしまっているケースが目につく。

ＤＭＯのＤ、すなわちデスティネーションとは、本来「ヒト・モノ・カネのベクトルの最終目的地」を指す。ＤＭＯは本来的にはこの最終目的地を目指すヒト・モノ・カネの出発地であるソース・マーケットにダイレクトに働きかけ、ヒト・モノ・カネをご当地に引き寄せるマーケティングを仕掛け、ご当地のさまざまな観光資源を最適化するマネジメントを統合的にかつ科学的に、しかも自立的に企画実行する組織のことをいう。こういう厳密な定義をすると、残念なことに、日本には本来的なＤＭＯは皆無となるが、ようやく各地で萌芽的ながら意欲的な組織も生まれつつある。政府には何よりもまず地域・地域連携・広域連携の各ＤＭＯの模範となる先進的組織の実現に注力していただきたいと強く思う。数だけ１００作っても、絵に描いた餅でしかない。

▽インバウンドを人口減少の穴埋めにしてはならない

インバウンドは単なる人口減少の埋め合わせ策ではなく、しっかりと取り組むことで実需が生まれ、雇用が生まれ、新たな人口の創出につながるということが現実のものとなってきている。

インバウンドの需要拡大によって年少人口（15歳未満の人口）が再成長する地域が、すでに現れている。

その良い例が、２０１７年についに観光客数でハワイに並んだ沖縄県であり、ここでは年少人口が増加傾向にある。一方、同じ九州の有名観光地でも日帰り観光中心の長崎県では、

図表0－1　地方のインバウンド振興　沖縄県と長崎県

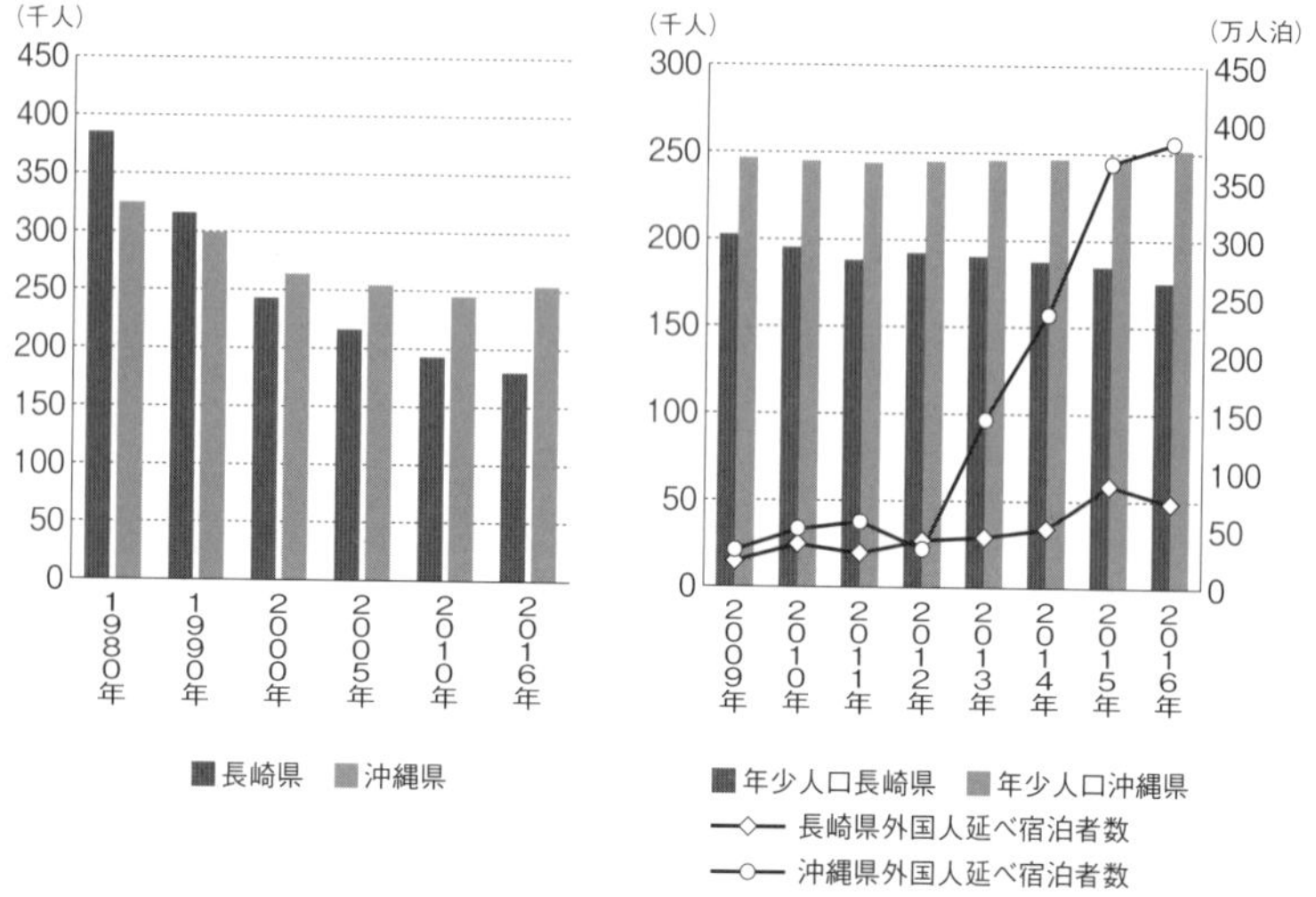

出典:総務省統計局「日本の統計」、観光庁「宿泊旅行統計調査」、国立社会保障・人口問題研究所

図表0－2　地方のインバウンド振興　小樽市とニセコ町

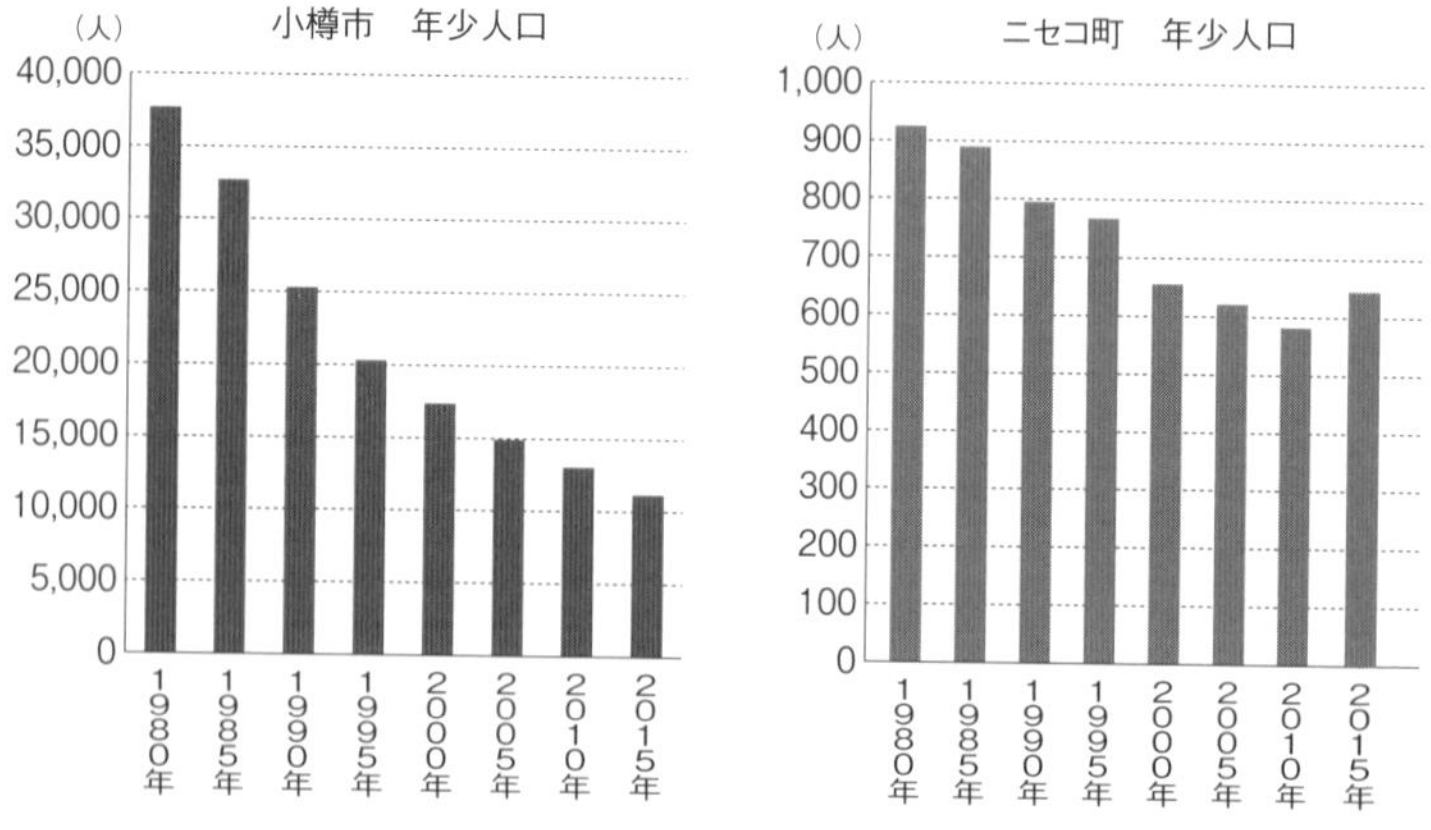

出典:国立社会保障・人口問題研究所

１９９０年には沖縄県より年少人口は多かったが、徐々に減少し、２０１０年以降は大きく水を開けられている。

その要因となっているのが、インバウンドの成功である。沖縄県では２０１２年以降、外国人延べ宿泊者数が一気に上昇した。数日にわたって滞在する訪日外客が増えれば、そこには当然需要が生まれ、雇用が創出される。それによって地元で結婚し、子どもをもうける若い世代が増え、結果として年少人口が増加につながっているのだ。

また北海道でも、年少人口が減り続ける小樽市と、観光が活性化した結果、地域内での消費増が他の産業にも循環し、地域の雇用が増え、人口が減らなくなったニセコ町との間には大きな差が生じてきている。

もちろん、いずれの地域でもやがて人口の絶対数は減っていく。それは、世界に先駆けて超高齢化社会へと突入した日本の紛れもない現状だ。しかしながら、インバウンドに真剣に向き合えば、ただ目先の利益が増えるだけでなく、次の世代の創造という形で、地方創生が実現され、人口の減らない社会が創造されうることを、沖縄県とニセコ町の事例は力強く物語っている。

このように日本のインバウンド事情は、局所的ながら実際に成果も上がってきており、大きなポテンシャルを秘めていることは疑いの余地がないと思う。ただし、たとえそうであるとしても、果たして日本全体のみらいが明るいといえるのだろうか。

それは違う。各地でさまざまな課題も山積している実情がある。直近の訪日外客数や消費額増だけを見て浮かれている場合ではない。

▽「健全な危機感」の醸成が不可欠である理由

観光産業を中心に狭義のインバウンド需要が伸びる中で、大きな課題となっているのが労働力不足である。確かに外国人就労者数はすでに約128万人（2017年）。前年同期から18％増え、5年連続増加している。製造業・農業で働く技能実習生やサービス業で働く留学生らの増加も目立ち、人手不足が深刻な産業の現場を外国人で補う構図はすでに強まっている。政府も新しい外国人就業枠を設けるといった対策を講じてはいるが、問題の深刻さを鑑みれば、さらに抜本的かつ迅速大胆な転換が求められているのではないだろうか。

そこで、これまでの狭義のインバウンドの中だけに思考をとどめるのではなく、広義のインバウンドへと捉え直していく作業が不可欠である。

つまり、レジャーを中心とした訪日旅行だけでなく、ＭＩＣＥ（Meeting, Incentive Travel,

Convention, Exhibition/Event）などビジネスのための訪日、友人・親族を訪ねるＶＦＲ（Visiting Friends and Relatives）、留学や就業のための来日、越境ＥＣや対日投資までをも含めた、「ヒト・モノ・カネ・情報など日本に向かってくるすべてのベクトルの最大化」という意味におけるインバウンド戦略を構築していかなければならない。

特に、爆発的に増えているＡＳＥＡＮ諸国からの訪日客を、今後もそれがずっと続くものだと楽観する声が多く聞かれるが、決してそれほど甘い話ではない。私はほぼ毎月海外の国々を訪れているが、そこで強く感じているのは、ＡＳＥＡＮ諸国の国々は例外なく親日国ばかりではあるが、それらの国々における日本の存在感は、相対的に落ちてきているという厳しい現実だ。それは東アジアをはじめとする世界各国の積極的関与によるものだが、一方で、日本側の力不足・熱意不足にも原因があると言わざるを得ないと思う。

これまでの過去の日本の信用やブランドに頼り、現状の数字に満足して安閑としていれば、日本の現状の地位は中長期的には下落し続けるだろう。これまでに日本が蓄積してきたジャパンブランドを、大事に守りながらも、日本人全体の「健全な危機感」を醸成し、日本のプレゼンスをＡＳＥＡＮ全体で高め、強化していくために投資し続けることが不可欠である。目先のＡＳＥＡＮからの訪日外客数の伸びに浮かれ、親日ぶりに喜んでばかりいてはならない。

そのひとつの象徴が、日本のインバウンドの「西高東低」という状況だ。ここに、日本の大きな課題がある。

首都圏では、もともとインバウンドは当たり前だった。それはやはり東京という首都を中央に抱える一大経済圏だからであり、初期のインバウンドはここに集中していた。また訪日外客のほとんどは商用・公用客であった。またレジャー目的の訪日外客には、首都圏に近接する、日本が世界に誇る富士山があり、それによって東京〜富士山〜京都と巡る「ゴールデンルート」なる定番コースが生まれた。つまり、首都圏を中心とした関東・東海地方では、大した努力をすることなく訪日外客が増えたのだ。

だが西日本は、そうはいかない。まずもってビジネス客・公用客が少ない。レジャー客においても、ゴールデンルートをたどって京都中心部・大阪まで来てもらったとしても、そこから兵庫県、和歌山県さらに中国・四国や九州へと足を運んでもらうためには、ただ漫然と待っているだけでは何の需要も生まれない。しかも、首都機能のない西日本にとっては、人口減少社会においてインバウンドが唯一の経済成長エンジンなのだ（先述した2018年夏の西日本の地震・台風被害・集中豪雨被害による訪日需要激減のマイナスのインパクトの甚大さは、まさにこの事実をまざまざと示した）。

それゆえ自ら、西日本はインバウンドに敏感かつ積極的になり、だからこそ一定の成功を収める地域が続々と出ている（今回の各種天災により、インバウンドの重要性を関西はさらに認

図表0−3　統計データから見る日本の地域別インバウンドの現状　地域別伸び率

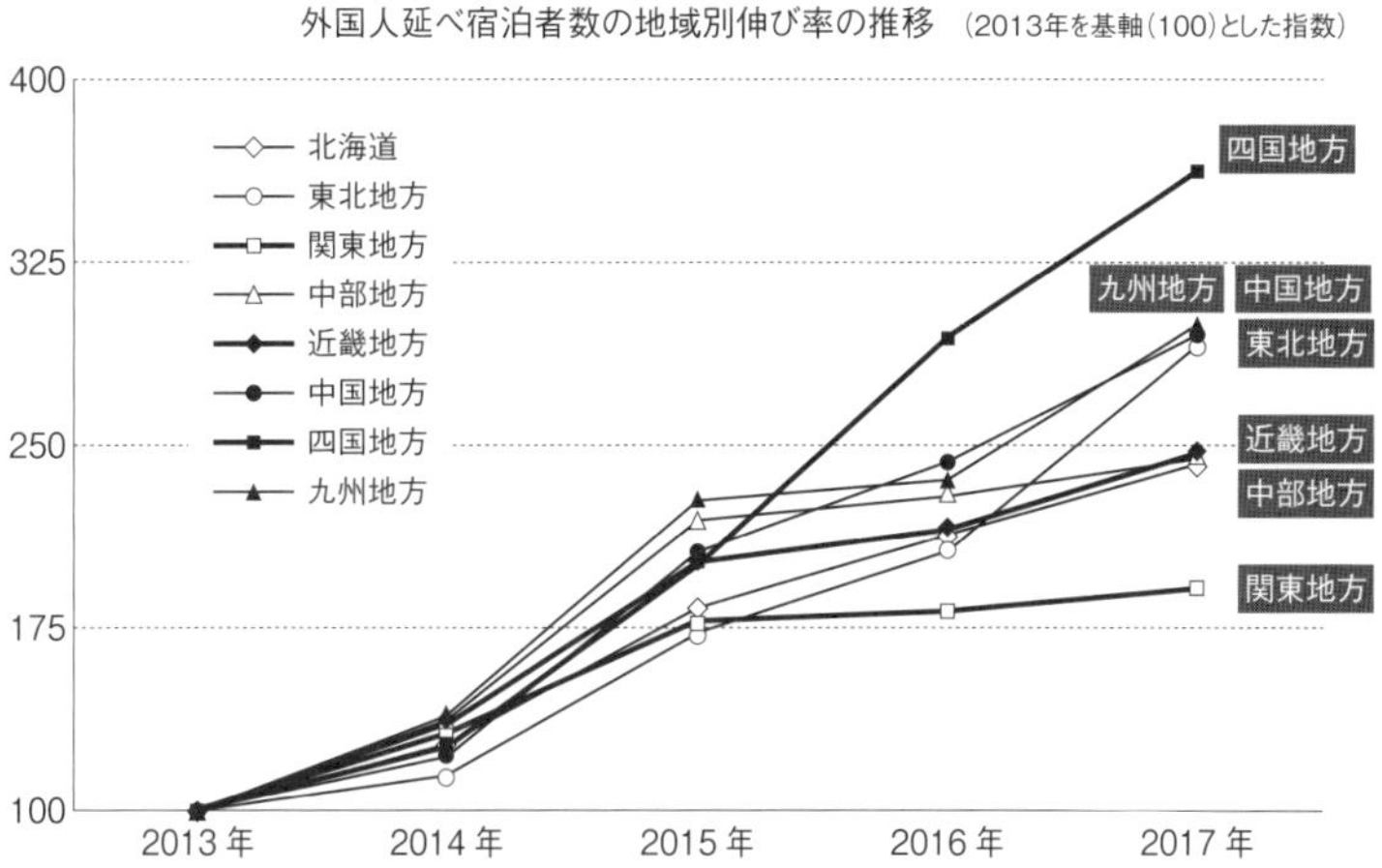

出典：観光庁「宿泊旅行統計調査」

識した！）。一方で東日本は、インバウンドのパワーとその恩恵と有り難みにそもそも鈍感であり、その恵みへの感謝の念も薄く、その結果積極的に取り組む意義や意味に気づけていないのではないだろうか。

私は、国内外の各地域に年間200回以上出かけて講演・講義やセミナーをし、同時に、その地域のインバウンド事情を視察している。これは東西を問わないことだが、大都市圏の近郊、そしてモノづくりの盛んな産業都市はどこも「茹でガエル状態」だと感じざるを得ない。水を入れたビーカーにカエルを入れて、それを下から徐々に温めていくと、カエルは水温がどんどん上昇していくことに気づかず、そのまま「茹でガエル」になってしまうという。大都市近

図表0−4　統計データから見る日本の地域別インバウンドの現状　地域別構成比

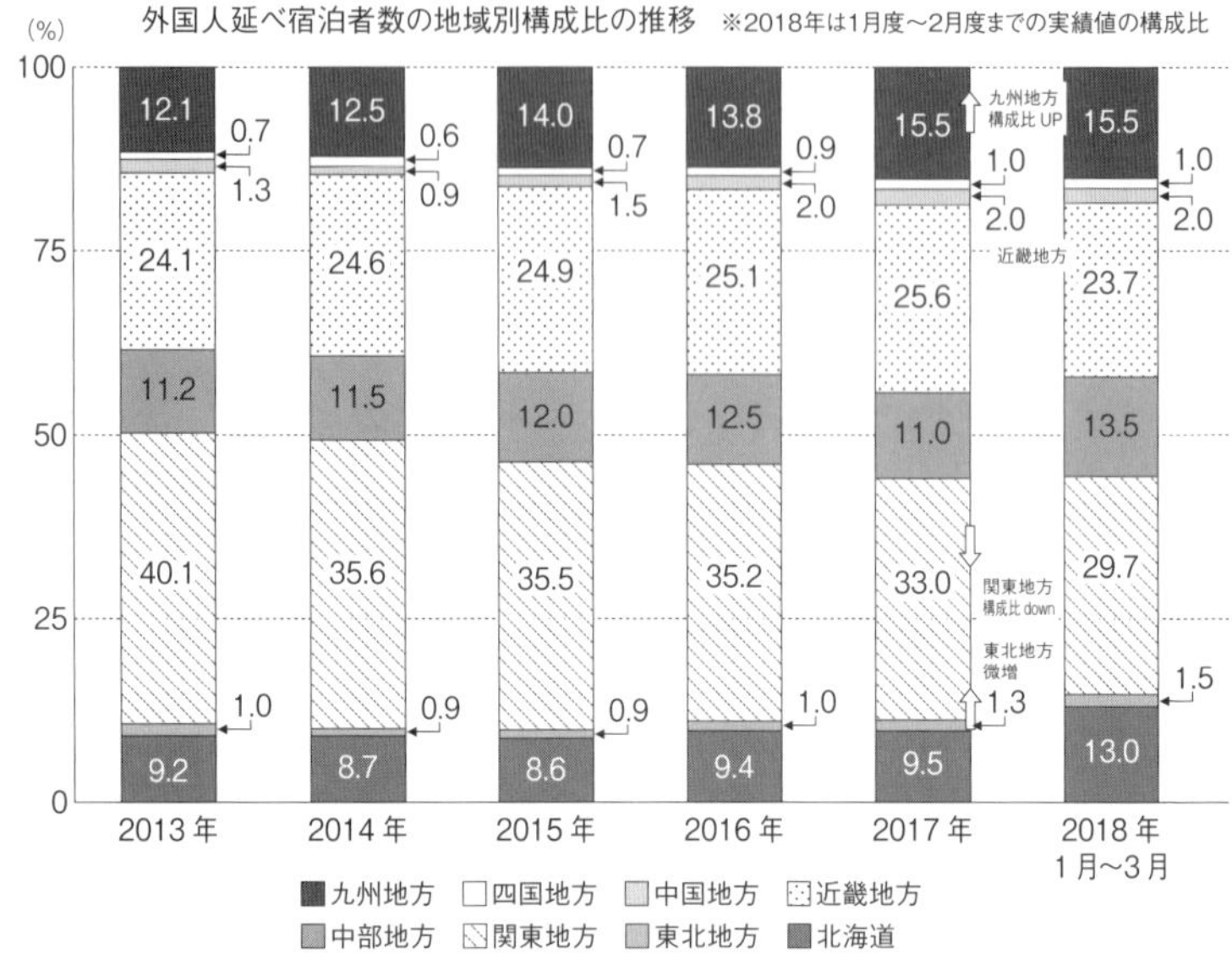

出典:観光庁「宿泊旅行統計調査」

郊の今の状況は、まさにその茹でガエルと同じと言える。要するに、危機感が希薄なのだ。どれほどの大都市近郊・産業都市といっても、今やどこでも人口減少は起きており、産業は空洞化し、空き家や空き室が増えている。都心から遠い立地の悪いベッドタウンは不動産価格が暴落し、商店街では閉じられたシャッターばかりが並んでいる。

近くに大都市があることに安心していると、気がついたときにはもはや手遅れで、周回遅れになっている危険性があるのだ。

実際、2013年からの外国人

延べ宿泊者数の推移を見てみると、四国が4倍近く、九州、中国、東北が3倍近くに伸びているのに対し、関東のその伸びは1・8倍ほどにとどまっている。言うまでもなく、四国や東北などは、そもそもの母数が少ないため、相対的に伸び率が高くなるという点は忘れてはならない。だが、たとえそうだとしても、訪日外客数全体が3倍ほどに伸びていることを考えれば、関東地区は実質的には訪日市場において相対的に地盤沈下していると見ることもできるのだ。

それは地域別の構成比を見れば明らかだ。他が伸びていく中で、関東だけが減っている。2013年には4割を超えていたのが、今では3割を切ってしまった。近畿も大して変わっていないどころか、2017年と2018年の年初で比較すると減少していることが分かる。

このように、じりじりと地方に拡散していくインバウンドの現状があることを、まずは認識する必要がある。その上で、これは決して大都市近郊だけの問題ではないが、油断していると茹でガエルになる日が来ることを肝に銘じておかなければならない。

大都市近郊であっても、緊張感と危機意識を持って、それを市民レベルで共有しているまちは着実に伸びている。だが、狭義のインバウンド（観光・レジャー産業）だけを見て、自分たちには関係ないと思っている自治体や民間企業にみらいはないといえるだろう。

広義のインバウンド時代においてはすべての地域・業種にとって商機がある。だがそれは、短期的な戦略で容易に手にできるような果実ではない。すべての地域のすべての業種・業態に携わる人々が、そして次章で述べるような「シビック・プライド」を、おじいちゃんやおばあちゃん、そして子どもたちなど全市民が持ち、健全な危機感に基づいて広義のインバウンド市場に立ち向かうべきときが来ているのだと強く思う。

▽観光公害《オーバーツーリズム》の真の課題とその解決方法

インバウンドが成長する中で起きている問題のひとつに、いわゆる観光公害《オーバーツーリズム》がある。これは日本に限ったことではなく、スペインのバルセロナやイタリアのフィレンツェなどでも、社会問題化した経緯がある。

だが多くの人は、この問題の根本的な部分を理解していない。自国の文化を知らない、配慮もない外国人客が急増することで、マナーの悪化、交通渋滞や夜間等の騒音といった問題が起こることばかりに気を取られている。観光公害の真の問題点は、団体旅行の外国人が街やトイレを汚したり、違法民泊でのゴミの不法投棄や騒音問題を引き起こしたりすることだけではない。

観光公害とは、過度な一極集中によってもたらされることが問題の根源だ。さまざまな観光

図表0−5　定住人口当たりの外国人客数の割合（2017年）

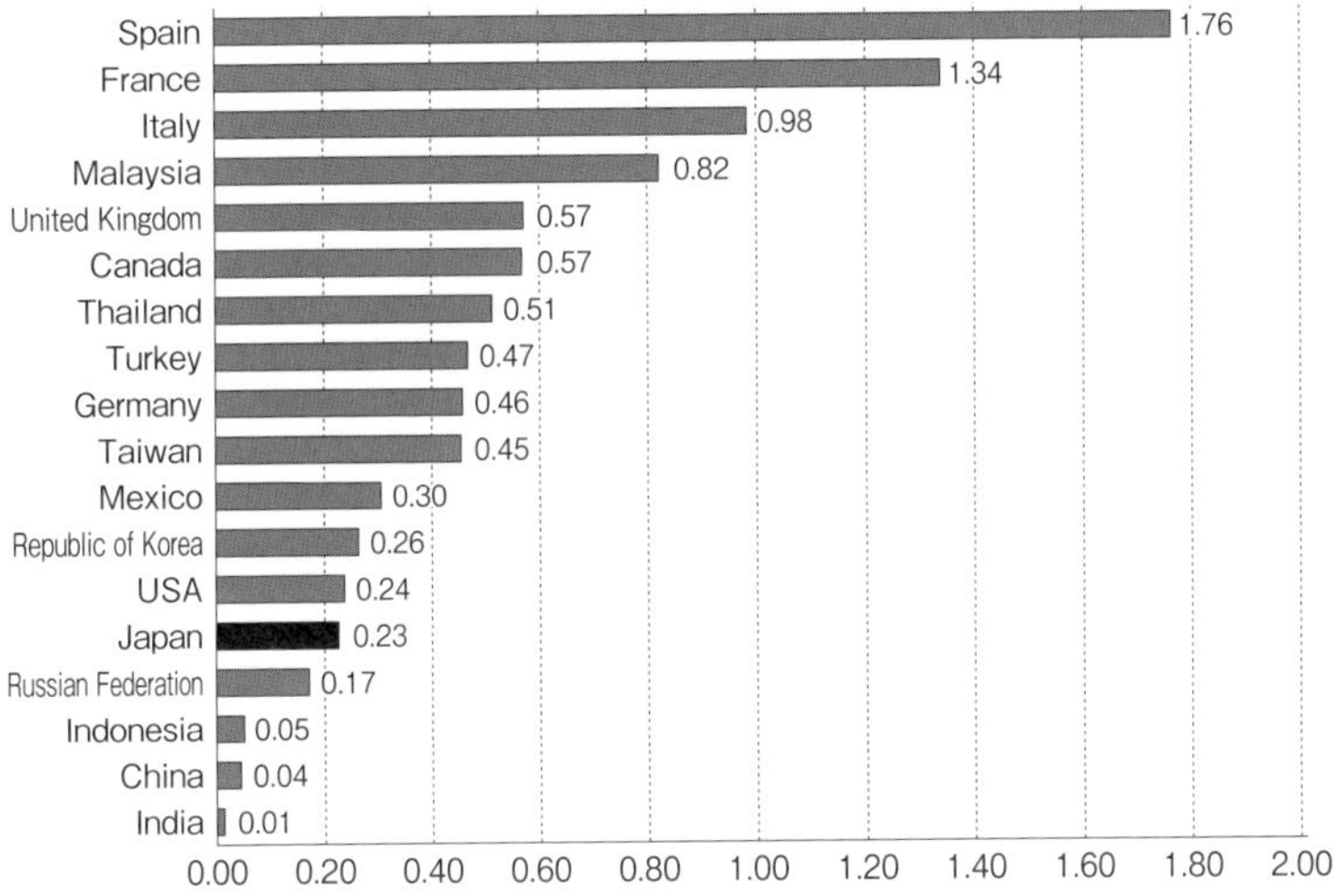

出典:UNWTO「Tourism Highlights 2018Edition」, United Nations「World Population Prospects: The 2017 Revision」

公害が取り沙汰されているが、その本質は、観光需要の特定地域への特定時間での、許容限度を超えた集中が引き起こしているのであって、よもや「外国人が増えすぎている」ことだけに起因しているわけでは決してない。

事実、日本の定住人口当たりの外国人客の比率は、他の国や地域と比べれば、話にならないほど低い。例えば台湾は、人口約2360万人の島に、人口対比0・45倍、1073万人の訪台インバウンド需要がある（2017年実績）。これが世界有数の観光立国であるフランスともなれば、その数は人口対比で実に1・34倍である。イタリアが0・98倍、スペインに至っては実に1・76倍というインバウンド規模を誇る。

それに対して日本にやって来る外国人客は、ここまでインバウンドが成長した現時点（2017年実績）においても、わずか0・23倍に。仮に、政府が2030年までの到達目標として掲げる6000万人になったとしても、現在の台湾レベル（0・45倍）にすぎない。つまり、この程度の訪日外客数で観光公害に目くじらを立て、大騒ぎをしていたら、スペインやフランスなど到底手の届かない存在で終わってしまう。

もちろん、観光公害などない、と言いたいわけではない。実際に社会問題化している地域があることは事実だ。だが問題は、訪日外客の絶対数そのものではない（確かに、その急増ぶりが人々の違和感や嫌悪感を掻き立てる部分も否めないが）、その本質的問題点は、需要の過度な偏在にこそあるのだ。

例えるならば、昔懐かしい五右衛門風呂のようなものだ。若い世代の人たちはもう知らないかもしれないが、かつて日本の家庭（私の九州佐賀の実家もそうだった）にあった風呂釜は、かまどの上に直接据え付けられていた。つまり、釜の下に薪をくべて直火で湯を沸かしていた。そのため、底のほうはとてつもなく熱いが（だから床板を敷いて入る）、水面近くは常温のままだから冷たい。そこで、攪拌棒《かくはん》を使って掻き混ぜることが必要になる。今の日本も、この五右衛門風呂と同じ構図になっている。一部の地域に訪日外客が過度に集中することで、そこでは問題も起き、トラブルも発生しているが、他の地域ではまだまだそうした状況には至っていない。それゆえ、能動的に掻き混ぜていかなければならない。そこで、攪拌棒の役割として期待されるのが地方部での民泊であり、政府が推進し始めている農泊だ（詳しくは、第3章極意7で述べる）。

五右衛門風呂状態になっているのは、大都市圏の特定地区だけでインバウンド需要を独り占めしようとしてきたことが根源だ。その結果として、自分で自分の首を絞める結果を招いている。大都市と違って、地方には、空き家や田舎の大きな農家には使っていない部屋など、潜在的なキャパシティ（受け入れ許容量）が豊富にある。それにもかかわらず、大都市部や特定有名観光地が過剰に口いっぱいに頬張ろうとして、地方に積極的に拡散させることを怠ってきたため、大都市部の地域住民にとっては過剰な負荷になり、観光公害という形になって不満が表出しているのだ。

従来の観光地や地方のまちは、日本という車輪の中心、すなわち車軸（ハブ）である東京から延びる無数のスポークのうちのただの一本の針金の先になろうとしてきた（図表0‐6の右側参照）。つまり、いかに東京という・首都圏という大都市圏からわがまちへと移動させるか、それだけを考えてきた。すると、隣のまち、隣の観光地はライバルになる。それゆえ、観光客はどこの観光地に行っても、近接しているはずの隣の観光地やまちの情報を手に入れることは

図表0−6　ハブとスポーク

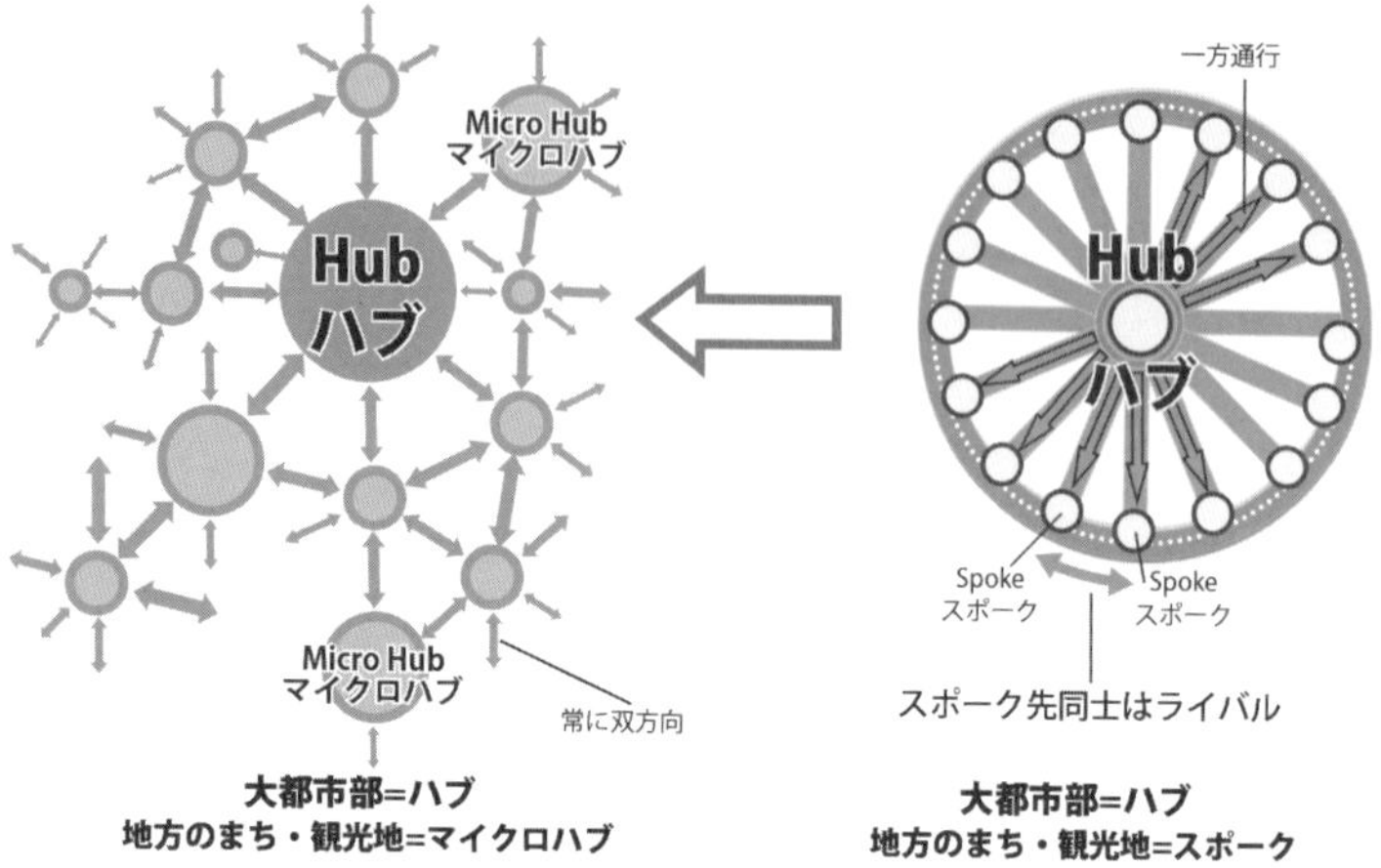

極めて難しかった。これは等しく京阪神圏・中京圏他の大都市圏と周辺地域との関係にも言えることだ。

しかしこれからは、「自分たちのまち・観光地にだけ来てほしい」という自己中心的な考え方の囲い込み戦略では生き残れない。大都市圏は、むしろ自らをゲートウェイ・シティ（玄関都市）と位置付けて、積極的に自都市圏を超えて広域の観光情報を発信し、旅行客の周辺への撹拌棒として役割分担していくことが、むしろ自らの持続可能なインバウンドの実現につながっていく。

そして、それぞれの地域・観光地のほうも、マイクロハブ（小さなハブ）になって、近接するまちや観光地に送客することを心掛ける必要がある。そしてその隣のまち・観光地もまた同様に、互いに送客する。つまり相互に「マイクロハブ・ネットワーク」を形成し、地域全体に訪日客を共同で呼び込み、送り合う相互送客し合う考え方、このパラダイムへの転換が求められている（図表0―6の左側参照）。

これは、訪日外客に多様な選択肢を与えることだといえる。互いに選択肢を与え合い、情報を与え合う。そこに人と人とのつながりがあれば、結果として訪日客はロングステイ、すなわち長期滞在となり、リピーター化もしてくれる。

こうして持続可能なインバウンドが実現し、地方創生が図られ、滅ぶことのない地域社会の創出へとつながっていく。国家間であれば、これはツイン・ツーリズムの考え方に近いといえるだろう（詳しくは、第3章極意12で述べる）。

実際のところ、隣のまちや近隣の観光地と連携しよう、都市機能を相互補完し合おうという首長や市町村（例えば、宿泊施設を多数有する産業都市と大自然に恵まれた周辺のまち）の連携例が少しずつ見受けられるようになってきた。

ここでまず求められるのは、わがまちこそ、地域の中心的な牽引役となるべきであり、掻き混ぜるための撹拌棒となるのだと自覚する市民の責任感と使命感だ。これを高めていくには、先ほども少し触れた通り、自分たちの地域は自分たちの責任と義務において発展させていくのだという市民の誇り、シビック・プライドが重要となる（詳しくは、第2章で述べる）。

▽レガシー（みらいへの遺産）を生み出そう

今まさに日本のインバウンド市場が急成長を遂げている状況を、２０２０年の東京オリンピック・パラリンピックというピークに向けた一過性の特需として捉えている人々が、いまだに多くいる。特に地方部に多い。そうした認識は大きな間違いであるばかりか、その考えのままでは２０２０年が過ぎた途端に、世の中から大きく取り残されてしまうことになりかねない。

２０２０年は、あくまでひとつの通過点にすぎない。２０１９年にはラグビーワールドカップ（ＲＷＣ２０１９）の試合が全国12都市で開催されるが、これもまた同様に通過点だ。他にも、同じく２０１９年には女子ハンドボール世界選手権が熊本県で、２０２１年には生涯スポーツの世界大会であるワールドマスターズゲームズが関西地域で開催される。

このように世界クラスのスポーツ大会の日本開催がこれからの数年間に目白押しなわけであるが、これらがインバウンドのピークになるわけではなく、先述した通り、一過性の特需を追うことばかりに意識を囚われて、その開催期間だけの売上増を目指して取り組んでいるようでは的外れと言わざるを得ない。

インバウンド振興は、言うまでもなくオリンピック・パラリンピックに向けた集客戦略では

図表0−7　各国の国際観光到着者数の推移（1995年〜2016年）

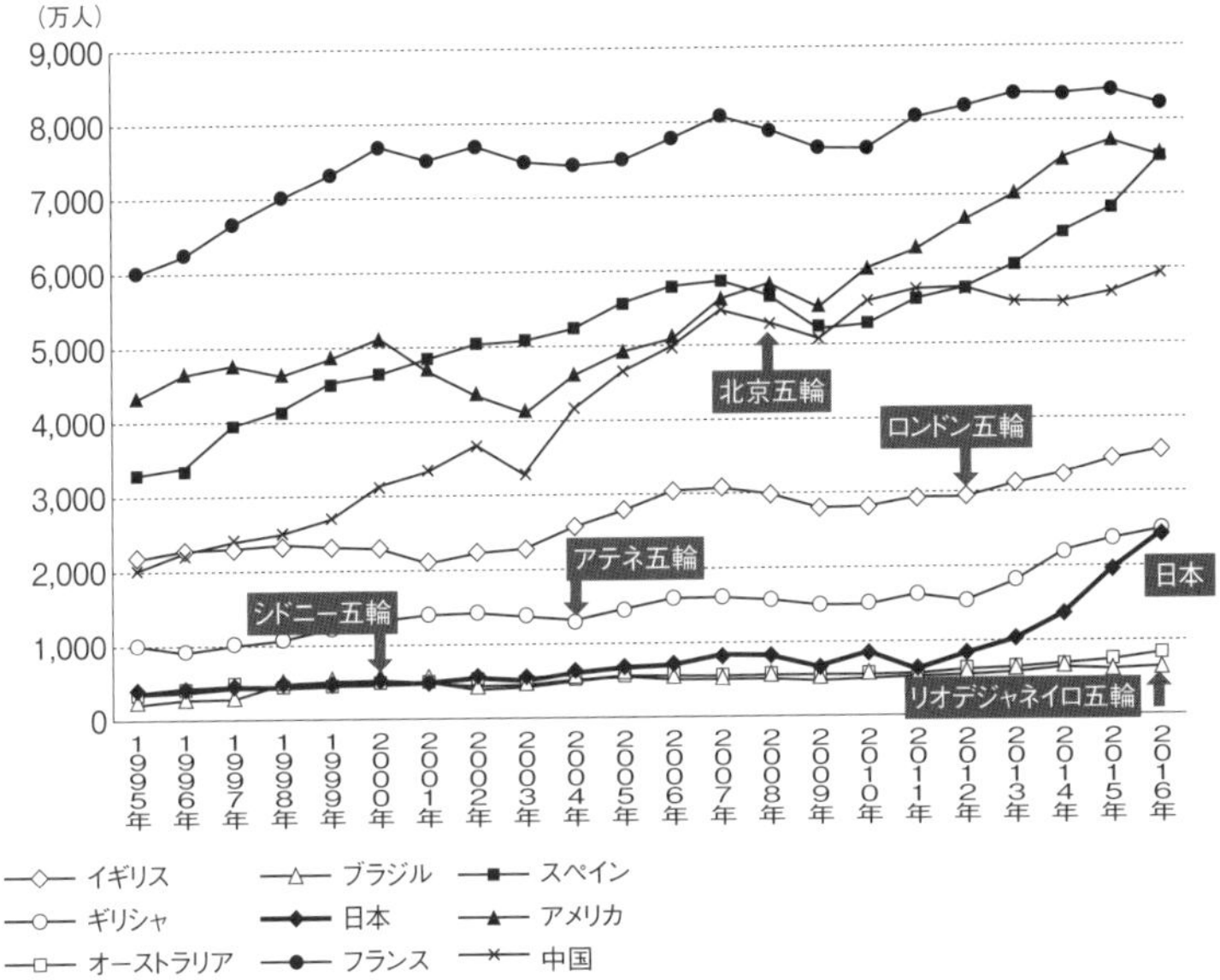

出典:World Bank「International tourism, number of arrivals」

なく、日本のみらいがかかった生き残り戦略である。そこにちょうど五輪やワールドカップなどの開催という好機が偶然に重なったにすぎない。

だからこそ、この好機を確実に捉えなくてはならない。それは、大会期間中にどれだけの訪日外客を集められるのかという短絡的な問題ではなく、これらのイベントに向けて今からいかにしてレガシー（みらいへの遺産）を生み出していくのか、という課題なのである。

このレガシーという言葉は、オリンピック招致に当たって近

図表0−8　各国の国際観光到着者数の伸長推移（1995年〜2016年）

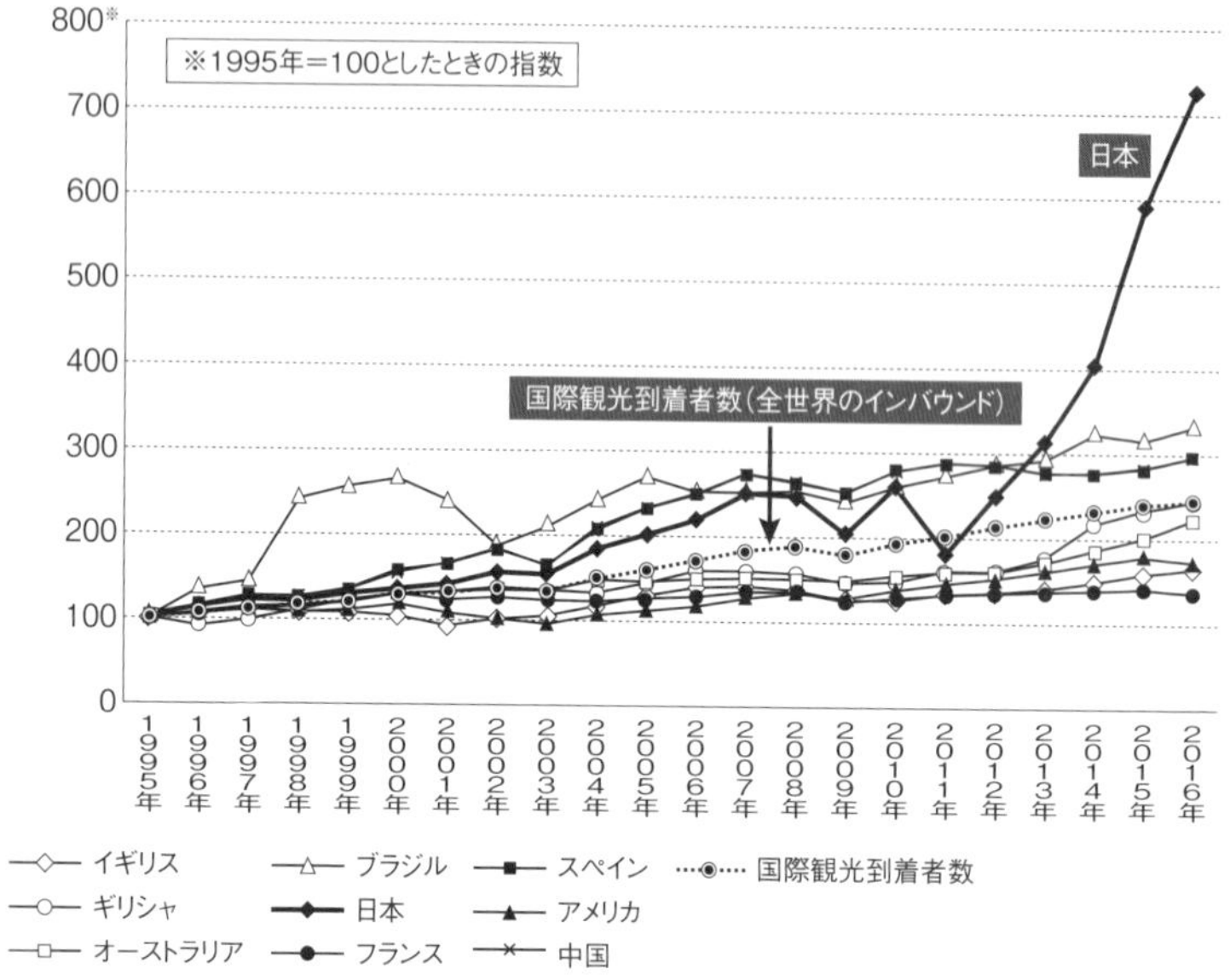

出典:World Bank「International tourism, number of arrivals」

年頻繁に耳にするようになったが、読者の皆さんは、インバウンドに携わる中で、これについて真剣に向き合ったことがおありだろうか。レガシーなどオリンピック組織委員会や東京都が考えることであって、自分たちには関係ないと思ってはいないだろうか。

実のところ、オリンピックやラグビーの期間中というのは、もちろん大会関係者や熱心な応援者は是が非でも大会日程にやって来るだろうが、インバウンドの一般客からはむしろ敬遠されると思っておいたほうがいい。なぜなら、航空機代も宿泊代金も高騰し、そもそも予約確保するのも至難の業となる。それゆえ、一般の訪日外客は来づらくなるからだ。特に、現在順調に増えているアジアやＡＳＥＡＮ諸国からの訪日外客数は、この大会期間中に限ってはむしろ減ることにすらなるだろう。

もちろん、訪日外客の全体数が減ることはあるまいが、一般の訪日外客の比率が減り、高価なチケットやホテル代を払える富裕層やスポーツのコアなファン層が増えると考えられる。そこに商機を見いだす事業者もおられるだろうが、それこそ一過性の特需にすぎず、大会の終了とともに特需もあっけなく終わってしまうことだろう。

そうであるならば、五輪特需だけで短期的に儲けようという考え方ではなく、それに向けての準備の中で、ポスト五輪時代に勝ち残るための自らの、そして自地域におけるレガシーを創出していくことに意識を向けるべきである。

英国のロンドンは２０１２年の五輪開催に当たって、50年先を考えて投資を行ったことがよく知られている。（"Our GREAT story so far-international" Visit Britain, https://www.visitbritain.org/）。ロンドンのオリンピックパークは今なお進化が続いており、まさにレガシーとしてまちに息づいている。同様に２０００年開催の豪州のシドニーでも、五輪会場がそのまま、スポーツ施設としてだけではなく、ＭＩＣＥ会場として十分に活用されている（先日も、私はその会場に足を運んできたところだ）。

その一方で、２００４年開催のアテネや２０１６年開催のリオデジャネイロでは、堂々と建設された会場はいずれも凄《すさ》まじい勢いで劣化が進んでおり、ほとんどのものがもはや使われていない。リオに至っては、当初から「持続可能な五輪」を掲げていたにもかかわらず、結局のところほとんど成功しなかった。その理由は何だったのだろうか？　それはやはり、真のレガシーを生み出そうという発想のもとに大会準備がなされていなかったからであろう。

ロンドン最大のレガシーは、英国において「市民の自信」が生まれたことだと言われている。それまで英国人は大型プロジェクトの運営が苦手だと言われてきたが、オリンピック・パラリンピックという一大プロジェクトを成功に導いたことで、国民に「自分たちもやればできる」という自信がついたのだという。実際のところ、実需としても当初英国政府は、五輪開催から4年で訪英旅行者数を４７０万人増やし、訪英旅行消費額を23億ポンド（約３５００億円）増やす計画を立てていたが、大きく上振れて、早くも２０１４年までに訪英旅行者数は３４８万人増、その消費額は21億ポンド（約３１５０億円）増加し、翌２０１５年には訪英旅行客はさらにその5％増の３４３８万人となり、その消費額は２１９億ポンド（約3兆３０００億円）に達したという。

それでは、２０２０年に開催される、わが日本の東京都が掲げているレガシーはどのようなものなのだろうか。それは次の八つである（https://www.2020games.metro.tokyo.jp/）。

①競技施設や選手村のレガシーを都民の貴重な財産として未来に引き継ぎます
②大会を機に、スポーツが日常生活にとけ込み、誰もがいきいきと豊かに暮らせる東京を実現します
③都民とともに大会を創りあげ、かけがえのない感動と記憶を残します
④大会を文化の祭典としても成功させ、世界をリードする文化都市東京を実現します
⑤オリンピック・パラリンピック教育を通じた人材育成と、多様性を尊重する共生社会づくりを進めます
⑥環境に配慮した持続可能な大会を通じて、豊かな都市環境を次世代に引き継いでいきます
⑦大会による経済効果を最大限に生かし、東京、そして日本の経済を活性化させます
⑧被災地との絆を次代に引き継ぎ、大会を通じて世界の人々に感謝を伝えます

どれも、立派なレガシーとなりうる項目だと思う。ただし、50年後・100年後の東京・日本に何を残すのかが具体的に、体系的に触れられていない点が残念である。また、五輪後の人口減少は、地方部だけではなく、この東京にも襲い掛かるという視点に立って、世界からの（広義の）インバウンドを東京に、そして日本に呼び込み、五輪を、この東京を持続可能な都市に変

貌させていく契機とするのだという強い覚悟が希薄なところが、個人的にはやや不満を感じる。

なお、東京2020組織委員会は、都とは別に独自に「アクション＆レガシープラン2016」も設定し、五つの柱を立てている（https://tokyo2020.org/jp/games/legacy/）。

①　スポーツ・健康

・スポーツの力でみんなが輝く社会へ
・「スポーツの力」を活かし、誰もが自分の持つ力を発揮して、みんなが輝く（活躍することのできる）社会を目指す

②　街づくり・持続可能性

・東京2020大会を訪れる様々な人にとって、使いやすく分かりやすい社会インフラを構築し、世界へ発信
・東京2020大会を契機として、世界の人々と持続可能な社会のビジョンを共有

③　文化・教育

・文化・教育の各種取組を通じて、より多くの人々を東京2020大会に巻き込み、大会成功の機運を醸成

④　経済・テクノロジー

・東京2020大会は、日本経済の力強さや最先端テクノロジーを世界にアピールする絶好の機会

⑤ 復興・オールジャパン・世界への発信

・東京2020大会を日本中のできるだけ多くの人の参画により盛り上げ、また、世界中から注目が集まる機会として、東北の復興した姿や日本の文化・伝統、経済・テクノロジーなどを世界へ発信

どの柱にも立派なレガシーを生み出そうとする委員会の思いは込められてはいる。ただし、こちらのプランも、目の前の2020の大会を成功させることだけが謳《うた》われており、今回の大会開催を長期的な東京のみらい・日本のみらいにつなげていこうとする視点は薄い。言うまでもなく、次の五輪が日本に東京にやって来るのは、おそらく50年以上先となるだろう。ではその間の日本、東京を持続可能なものにしていくための長期にわたるビジョンが、ここに込められているだろうか。そして、これらのレガシープランを、都民全員がわがコトとして、わが課題として心から共感し、その実現に向けて具体的に行動できるのだろうか。そこが重要である。

▽オリンピックはもともとひとつのフィロソフィー（哲学）である

国際オリンピック委員会（ＩＯＣ）が定めているオリンピック憲章（２０１６改定）の前文の直後には、オリンピズム（オリンピック活動）の根本原則（Fundamental Principles of Olympism）の第一則には、次のような言葉が記されている。

1. Olympism is a philosophy of life, exalting and combining in a balanced whole the qualities of body, will and mind.

１．オリンピズムとは、身体・情操（意志）・知性（考える力）という人間が生まれつき備えている三つのすべての特質を、より一層高め、それら三つの特質をより調和のとれた形で統合させるための、生命の哲学である。（翻訳は、筆者の独自訳）

言うまでもなく、近代オリンピズムの生みの親はピエール・ド・クーベルタンである。国際オリンピック委員会は、１８９４年にフィロソフィー（哲学）発祥の地、古代ギリシアで紀元前9世紀ごろに生まれ西暦393年まで開催されていた「オリンピア祭典競技」、いわゆる古代オリンピックの、復興を目指して組織されたものである。まさにオリンピック憲章の冒頭の一文にある通り、五輪大会はそもそも哲学的な理念に基づいている。

私が提唱したい、みらいに遺したいと願う2020五輪のレガシーは、次の五つである。

① **日本人にとってのスポーツの概念を変革すること**

・身体機能だけを鍛え、競う体育の延長としてではなく、一人ひとりの人生をより豊かに、より健やかに、より幸せに生きるためのスポーツの概念を生み出すきっかけとする（第3章の極意10で述べる〝ゆるスポ〟や〝eスポ〟振興にもつなげる）。

② **シビック・プライドの形成**（詳しくは、第2章を参照）

・すべての日本人が国境を越えたさまざまな国籍の人々とのスポーツ交流を通して、日本人としての、そして各町の住人としてのアイデンティティを自覚し、この国の、そして自地域の主権者（担い手）である事実に自覚を持つようになる。

③ **日本人の真の国際化と英語の準公用語化**（注意！　公用語と常用語は違う。決して英語を常用語にしようという訳ではない。詳しくは、第3章極意8を参照）

・東京はもちろん、日本のすべての地域の住民の鎖国意識が解かれ、世界に開かれたオープンマインドが醸成されるきっかけとする。
・すべての国民が英語で外国籍の人々と話そうとする意志を持つきっかけとする。
④ ダイバーシティ（多文化共生）の定着と東京と日本のユニバーサル化
・多様な価値観を互いに認め合い、世界最高レベルのダイバーシティ社会を実現するきっかけを創出し、特にパラリンピックの開催を通して、ハード面の対応にとどまることなく、健常者と障がい者との間にある心のバリア（障壁）、すなわちソフト面のバリアを取り除くムーブメントの契機とする（これについても、第3章の極意8を参照）。
⑤ 広義のインバウンド概念の普及と世界最高レベルの観光立国の実現のための基盤づくり
・50年後（2070年）のみらいを見据え、東京が日本の先駆けとなり、人口減少に立ち向かう滅ばない日本の基盤づくりを実現する（詳しくは、第4章を参照）。

ＩＯＣが定めているオリンピック憲章の冒頭に明記されている通り、スポーツは哲学である。生命の哲学なのである。東京から地方へ、観光立国とは、すなわち哲学立国であるという認識（詳しくは、第4章参照）に立って、インバウンド戦略を全国に拡散させることによる地方創生の実現の基礎づくりこそ、2020年の大きなレガシーにすべきだと私は考える。そして、今回の東京オリンピック・パラリンピック開催を契機として、広義の観光立国へとつなげていくことが、滅ばない日本をつくっていく端緒となると思う。

この先数十年を経たとき、「あの２０２０年のオリパラこそが、沈み始めた日本が沈まない日本、サステナブル・ジャパンへと変貌したターニングポイントであった」、そう語り継がれる日が来るように取り組んでいく必要がある。そのためには、大会前の今の時期こそが大事なのだ。

医療におけるおもてなしの実現

ファムトリップというと、インバウンドや旅行業関係者には馴染みだと思うが、一般的にはあまり知られていない。英語で表記すれば、Familiarization trip。招待視察旅行などと訳される。略して「ファム（Fam）」。

ファムとは自治体や観光施設側が海外のメディアや旅行会社（最近はパワーブロガーも多い）などを地元に招き、下見を目的とした視察ツアーを催し、これによって旅行商品造成や地域・施設の認知度アップを図るために催行するものをいう。当社（JIS）もしばしば、単独ないし国の機関や自治体や他社と共同で催行している。

過日、韓国のメディア関係者を関西に招聘して、ファムを行った。一行が無事初日のホテルに到着した。すると一人のジャーナリストの女性が急に歯が痛いと訴えた。ホテルのスタッフが最寄りの歯科医院を紹介してくれた。しかし、日本語がまるで分からない。「不安だ、不安だ」と心配そう。急遽、当社スタッフが同行した。幸い応急処置もうまくいき、事なきを得た。こうした事態はいわば日常茶飯事である。

訪日客の約3％は、怪我や病気の発症など何らかの医療対応が必要という。しかし、日本の医療施設はそもそも、一部の国際病院を除いてインバウンド対応はほとんど未整備だ。言うまでもなく、わが国の訪日外客数は激増している。2017年の訪日外客数は2800万人を超え、単純計算でも、80万人を超える医療対応を求める外客が生まれている。

政府は2020年までに訪日外客を4000万人に増やす目標を掲げる。つまり、20年にはおよそ120万人もの外国人患者が発生しうることを意味している。

先日、訪日外国人医療支援機構主催のセミナーに出掛けた。外国人患者には大別すると3種類あるという。①在住外国人患者②医療目的の渡航患者③一般外国人観光客患者――。医療関係者は口を揃えて、①②の患者には大きな問題はないという。問題は③である。

まず、①の在日の患者は日本語ができる。日本の医療制度を一応知っている。健康保険に入っている。②の患者は重症患者が多いものの、予約済みで先進医療対応の大病院にやってくる。治療内容や費用もあらかじめ承知している。

しかし、③の外国人患者は違う。彼らは不案内な外国で思わぬ怪我をしたり、既往症が発症したり、何らかの病気にかかる。何の備えもない。日本国民向けの健康保険も適用外だ。

また、特にアジアの観光客は旅行保険に入っていないケースも多いという。入っていても保険保障金額が低い。医療費用は想定外に高いのだ。例えば、盲腸の手術を受け4日間入院のケースでいえば約190万円。入院するだけでも毎日10万円はかかるという（日本人は医療保険が適用されるので全体費用はピンとこない）。

先述のセミナー会場では、医療関係者の悲痛な叫びを耳にした。

「政府や全国の自治体は観光収入を上げようと外客誘致に余念がない。富裕層を日本の先端医療の患者として積極的に呼び込もうとしている。一方、厚生労働省はせいぜい外国人受け入れの拠点病院を指定したりしているだけ。機能しているとはとても思えない。現場にすべてが押し付けられている」と。

外国人の高額医療未払い問題、医療通訳者数の圧倒的不足、病院の外国人受け入れ意欲の不足問題など課題は山積している。医療は一歩間違えば人の命を左右する。

私はこの日、華々しいインバウンド市場隆盛の背面には、こうした深刻かつ重大な課題があることを再認識した。同時にわれわれには、官民連携し、訪日客に安全安心な医療面のおもてなし実現にも真摯に取り組むべき責務があることをあらためて自覚した。

（初出『週刊トラベルジャーナル』2017年12月4日号）

第1章

ポスト五輪のインバウンドはどうなるのか

▽2020は通過点にすぎない

2018年の訪日外客数は、9月までの暫定累計値で約2347万人を突破。序章で述べた通り、18年は台風や地震などの天災が頻発したものの、官民関係者の必死の復旧・復興プロモーション強化等によって、3000万人を超えて、3100万人前後にも到達するものと推測される。訪日消費額も、年々増えて2017年は約4兆4000億円。1人当たりの消費額こそ伸び悩んでいるものの、2018年は5兆円近くに到達することも見込みうる。

東京オリンピック・パラリンピックが開催される2020年には、訪日外客数を4000万人、旅行消費額を8兆円にしようという高い目標を政府は掲げているわけであるが、先に述べた通り、私は日本のインバウンドはまだ始まったばかりの黎明期であると思っている。4000万人・8兆円がピークだと思っている人が多いが、結論から言えば、2020年のオリパラ開催はあくまで通過点にすぎない。2030年の訪日外客数6000万人、旅行消費額15兆円をさらに超えて、日本は人数・消費額ともに世界一の観光大国を目指していくべきであり、またそれは十分に可能だと私は確信している。

そうは言っても、にわかには信じがたいという声もあろうかと思う。そこで、具体的な数字

図表1－1　《国別》統計データから見る日本のインバウンドの現状

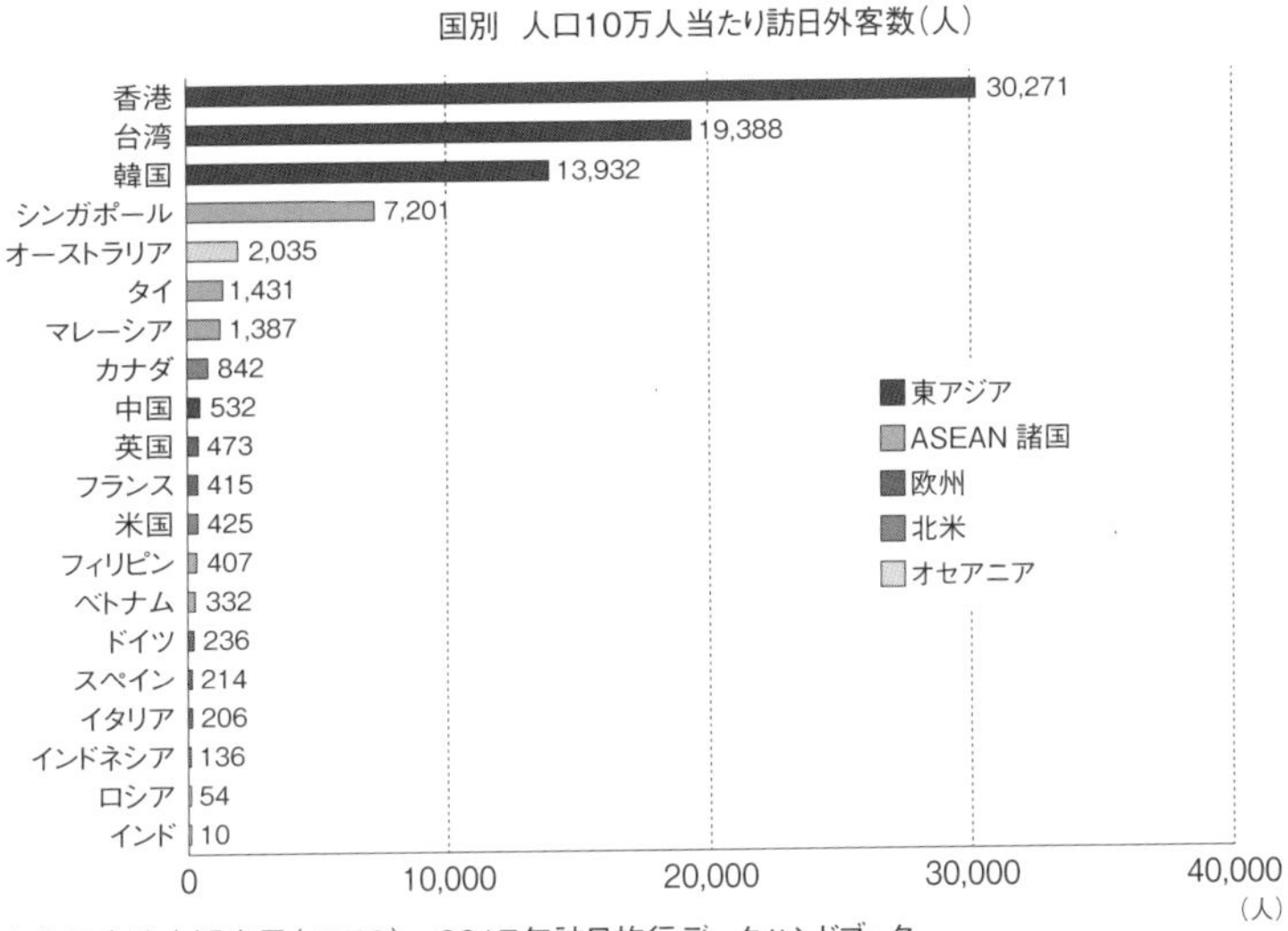

出典:日本政府観光局（JNTO）　2017年訪日旅行データハンドブック

を見てみたい。図表1－1は、国・地域別に見た人口10万人当たりの訪日外客数（これを訪日率という）をグラフにしたものだ。

これによると、訪日率が一番高いのは香港で、人口10万人当たり３万２７１人となっている。ちなみに香港の人口は７３５万人で、２０１７年の実績でいえば２２３万人が日本を訪れている。次に高いのは台湾の約２万人、続いて韓国の約１万４０００人、シンガポールの約７２００人、と続いている。

ここからまず分かることは、訪日外客の大半は東アジアの近隣の国からやって来ているということだ。だが、お隣の巨大潜在市場である中国につい

図表1−2　国際観光到着者数の推移　実績と予測

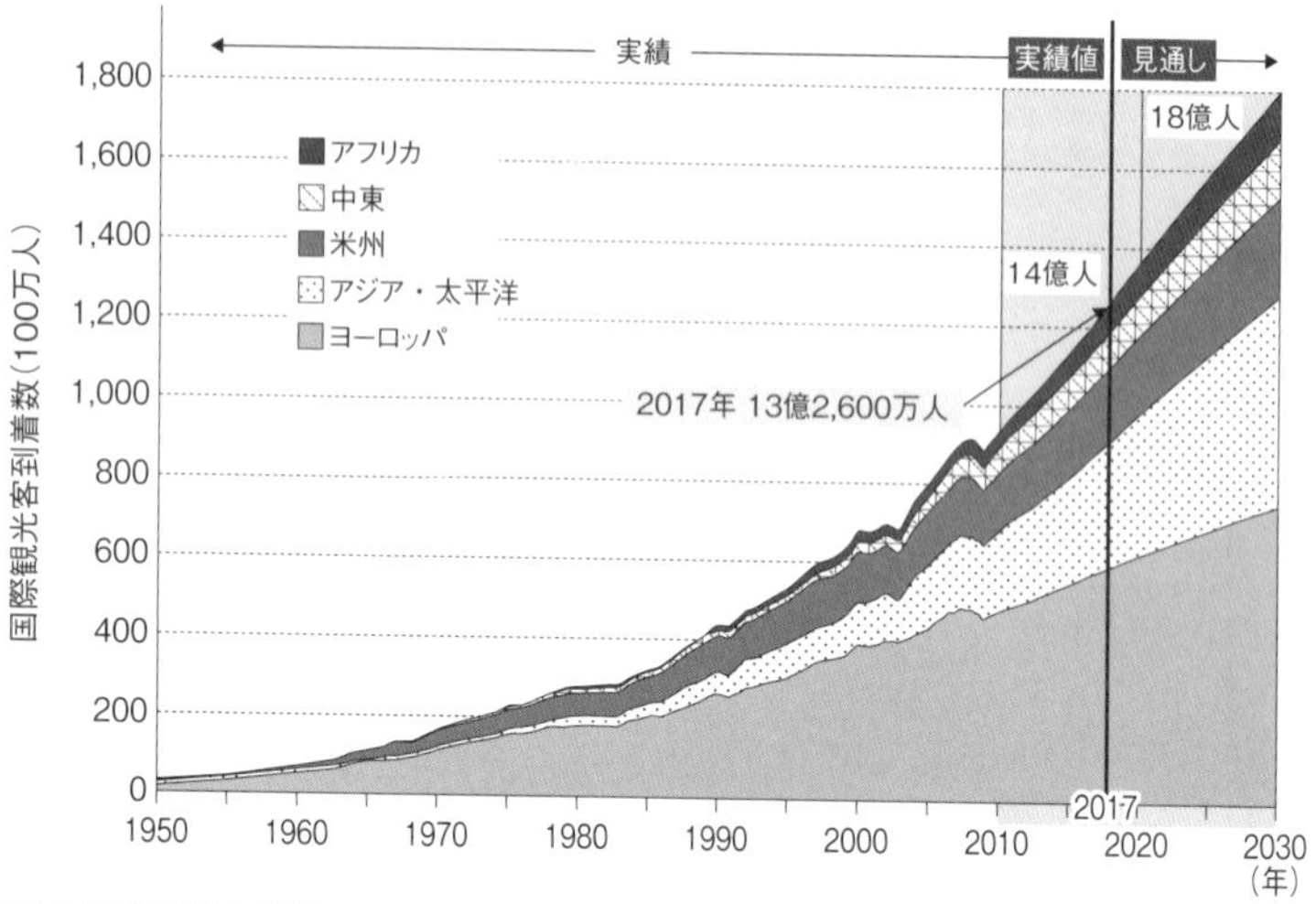

出典：国連世界観光機関UNWTO; UNWTO Tourism Highlights 2017, 2018 Editionをもとに中村加筆

ていえば、14億人の人口のうちわずか0・5%しか日本に来ていないことになる。これが例えば、シンガポール並みの訪日率になるだけで、日本のインバウンド事情はまったく違ったものになることは容易に想像できる。

さらに言えば、今まさに急成長しているタイやフィリピン、ベトナムといったASEANの新興諸国からの訪日率も、今後さらに拡大していくことだろう。これらの国々では今後人口はますます増えていき、1人当たりGDPもまだまだ伸びていくことが確実に推計されているからだ。

そして、そもそも国連世界観光機関（UNWTO）が公表している通り、国際観光客到着数は1950年の2500万人から1980年には2億7800万人へと増え、1995年には5億2800万人、そして2013年には10億8700万人、そして直近の2017年には13億2000万人へと着実に増えてきているが、UNWTOの長期予測である「Tourism Towards 2030」によると、2030年には18億人にまでさらに増えると予測されている。

これらの事実こそが、日本のインバウンドは始まったばかりだと述べる根拠である。特に、世界の中で圧倒的に1人当たりGDPが伸びていくのがアジア新興国であり、その国の人々の国際観光への欲求、すなわちアウトバウンド熱はまだ火がついたばかりだ。これから国際観光人口の伸び率が最も高まるのが、アジア・パシフィック地域なのである。

そして、彼らの多くがいつの日にか、必ず行きたいと願っている国のひとつが、ほかでもないわが日本だ。それを今後も継続できるかどうかは、日本が真の観光立国を果たす大きな鍵となるだろうが、いずれにせよ、今後もこの地域からの訪日外客数が増えることはあっても減ることはあるまい。それゆえ、日本のインバウンドの成長は、むしろこれからが本番となるのだ。

日本は世界に先駆けて超高齢社会に突入し、さらに人口減少社会へとシフトしてしまった。そのため、世界中で人口が減り始めているように思っている人も多いが、そんなことはない。今でも世界の人口は増えている。アジアだけでなくオセアニア地域でも、それは同じだ。

確かに、台湾や韓国、中国といった東アジアの国では、すでに生産年齢人口はピークアウトしてきている。さらに台湾と韓国では、2022年ごろには総人口でも減少傾向に移行するものと思われるが、他方、ASEAN諸国は今後も伸びる。また、台湾と韓国にしても1人当たりGDPの伸びという点で見れば、増えることはあっても減ることはないわけであるから、それが直接、訪日外客数の減少にはつながることにはならない。

こうした国際経済の上げ潮の状況の中で2020年というのは、先述の通り全世界的にもただの通過点でしかない。この年にオリンピック・パラリンピックという一大イベントがあるのは日本だけであり、世界の事情とは何の関係もない。オリンピック・パラリンピックがあまりにも大きな目標になりすぎて、また、2020年というのがキリのいい数字だからなのか、そこをひとつのピーク、ないしターニングポイントと捉えている人が多いが、それは大いなる勘違いだ。しかも、戦略を誤る可能性を秘めた、危険な勘違いですらある。

先日も、四国のとある観光の町で講演を行ったところ、その後の質疑応答の時間において、地元の土産物屋の若社長さんから次のような、実に率直なコメントをいただいた。

「これまでずっと、2020年までしか儲けられないと思っていたから、この上げ潮の特需のときにこそ儲けようとして、慌てて〝米仕事〟ばかりしていました。ですが、今日の中村さんの話を聞いて、インバウンドは2020年以降も伸びていくのだと確信が持てたので、これからは〝花仕事〟にも一生懸命に取り組んでいこうと思います」

このように五輪の年を訪日ブームのピークないし終点として悲観的に捉えている人が実に多い。地域の人口が細りゆく日本の中で、今の訪日市場の伸びを２０２０年までの一過性の上げ潮として捉えているせいで不安になっているのだ。そしてそれがゆえ、何とか自分だけは今のうちに儲けて生き残っていこうという、「欠乏マインド」（拙著『まちづくり×インバウンド成功する「７つの力」』38～39頁参照）に陥ってしまいがちになっているのだ（先述の通り、２０１５年に起きた爆買いバブルがあっけなく崩壊した際の残像が人々の脳裏を占めているのも、不安の一因なのかもしれない）。

だが、現実は断じてそうではない。２０２０年は、確かに東京で56年ぶりにオリンピックが開催される記念すべき年ではあるが、それを契機に世界が変わるわけではない。あえて言うならば、２０２０年は日本を除く世界にとっては何の意味もない、他と同じ1年にすぎない。

２０２０年は単なる通過点だと認識すること、まずはそれが、勝ち続けるインバウンド戦略に不可欠な要素となる。この単純な思考のパラダイム転換によって、日本人はインバウンドにおける持続可能性を一気に手に入れることができる。まさに、２０２０年までのすべてのチャレンジは、ポスト２０２０の向こう10年間、20年間の跳躍のための助走期間・準備期間にほかならない。今こそ全力で準備に取り組んでいく必要があるのだ。

今後、世界で最もアウトバウンドが過熱していくアジア・パシフィック地域の一員として、わが日本が２０２０年を越えて成すべきことは、後述するツイン・ツーリズム（第３章極意12参照）を推進しながら、ワールドワイドな市場に視点を広げ、持続可能なインバウンド戦略に取り組んでいくことだ。ここまで見てきたように、それは十分に可能なことであるし、また、そうしていかなければならない。

▽２０１９年から２０２０年に向けてのインバウンド戦略

ポスト五輪のインバウンドよりも先に考えなくてはならない喫緊の課題として、「プレ五輪」戦略がある。そしてその中でも最重要な戦略が、２０１９年秋のラグビーワールドカップへの準備と対応である。大会は、２０１９年の９月20日から11月２日まで、アジア初の大会として日本の12都市で開催される。

東京オリンピックの開催期間が２０２０年７月24日から８月９日までの17日間（８月25日か

図表1－3　ラグビーワールドカップ2019の試合日程表（プール戦）

	開催地	プール	対戦
9/20(金)	東京	A	日本vsロシア
9/21(土)	札幌	D	オーストラリアvsフィジー
	東京	C	フランスvsアルゼンチン
	横浜	B	ニュージーランドvs南アフリカ
9/22(日)	花園	B	イタリアvsナミビア
	横浜	A	アイルランドvsスコットランド
	札幌	C	イングランドvsトンガ
9/23(月)	豊田	D	ウェールズvsジョージア
9/24(火)	熊谷	A	ロシアvsサモア
9/25(水)	釜石	D	フィジーvsウルグアイ
9/26(木)	福岡	B	イタリアvs敗者復活
	神戸	C	イングランドvsアメリカ
9/28(土)	花園	C	アルゼンチンvsトンガ
	静岡	A	日本vsアイルランド
	豊田	B	南アフリカvsナミビア
9/29(日)	熊谷	D	ジョージアvsウルグアイ
	東京	D	オーストラリアvsウェールズ
9/30(月)	神戸	A	スコットランドvsサモア
10/2(水)	福岡	C	フランスvsアメリカ
	大分	B	ニュージーランドvs敗者復活
10/3(木)	花園	D	ジョージアvsフィジー
	神戸	A	アイルランドvsロシア
10/4(金)	静岡	B	南アフリカvsイタリア
10/5(土)	大分	D	オーストラリアvsウルグアイ
	東京	C	イングランドvsアルゼンチン
	豊田	A	日本vsサモア
10/6(日)	東京	B	ニュージーランドvsナミビア
	熊本	C	フランスvsトンガ
10/8(火)	神戸	B	南アフリカvs敗者復活
10/9(水)	熊谷	C	アルゼンチンvsアメリカ
	静岡	A	スコットランドvsロシア
	大分	D	ウェールズvsフィジー
10/11(金)	静岡	D	オーストラリアvsジョージア
10/12(土)	豊田	B	ニュージーランドvsイタリア
	横浜	C	イングランドvsフランス
	福岡	A	アイルランドvsサモア
10/13(日)	釜石	B	ナミビアvs敗者復活
	花園	C	アメリカvsトンガ
	熊本	D	ウェールズvsウルグアイ
	横浜	A	日本vsスコットランド

ら9月6日まで開催されるパラリンピックの13日間を足しても30日間）であるのに対して、こちらはそれ以上の約40日間に及ぶ。参加20カ国からやって来る選手団、ファン・応援団の数は約40万人と推定されている。そのほとんどが欧米豪州、特に旧英連邦の諸国が多い。

また、オリンピックの開催地は東京都およびその周辺に限られているが、ラグビーワールドカップの場合、南は熊本から北は札幌まで、開催会場が全国各地に散らばっているのが特徴だ。日程が長いのは、試合数が多いことに加えて、ラグビーという体力を極限まで使うハードな競技の特性上、連日試合を組むことができないことが理由として挙げられる。したがってチームごとに見れば、試合間のインターバルが1週間近く空くこともある。そうした中で、特に強豪国のファンというのは、自国チームが順当に決勝・準決勝まで勝ち進むことを前提に応援日程を組んでいるわけであるから、当然、長期滞在になる。試合がない日には日本各地での観光を楽しもうと計画を立てているに違いない。予定外に早期に敗退することになったとしても、せっかくだからと旅を続ける場合もあるだろう。

インバウンドに取り組む立場としては、そこには商機があり、特需も見込めるだろう。経済波及効果はオリンピックに準ずる数千億円規模と見込まれている。

しかし、これだけを一過性のものとして期待するのではなく、このワールドカップを1年後のオリンピック・パラリンピックや、今後日本で開催が予定されているさまざまな国際大会に向けた良き前例づくりの場として活用するべきである。そして、その中心となる考え方は、ファンづくり、リピーター化する仕組みづくりである。

先日オーストラリアのシドニーに1週間ほど滞在した際、現地のさまざまな人に「来年（2019年）ラグビーワールドカップが日本で開催されることを知っているか」といったインタビューをしてみると、「もちろんさ。オーストラリア人でラグビーの動向に興味がない人間など1人もいないよ！」という答えが返ってきた。

ここで重要なのは、彼らはラグビーに興味があるのであって、日本に興味があるのではないという事実の認識だ。まずは、その点を勘違いしてはならない。そして、だからこそ、ラグビーに興味のある多くの人々が、わざわざ日本にやって来ることが、日本に、そして各地域に興味を持ってもらう上で、絶好の機会になるのだという認識を持つことがすこぶる重要になってくるのである。

もちろんそこには、この大会を今後の飛躍に結びつけうる好機と、はたまたブーイングの嵐にしてしまうリスクの両方が存在している。両者の間には大きな落差がある。それでは、私たちは、前者である好機を確実に手に入れるために、今後具体的にどのようなチャレンジを実行していくべきであろうか。私は次の五つの戦略を提案したい。

1　食のダイバーシティ

２０１８年の春、シドニーを訪れた際、日本政府観光局（ＪＮＴＯ）シドニー事務所の若林香名所長から、こんな話を伺った。

現地の小中学校には給食がなく、子どもたちは自宅からランチボックスを持って登校するが、アレルギー症状を誘発するナッツ類と卵料理は一切校内に持ち込めないのだという。日本でも、アレルギーを持つ子どもが増えている影響で、給食などには多少の配慮がされるようになってきたが、あくまでも特別対応だ。しかしオーストラリアでは、そうした少数派を徹底的に守るために、学校全体で対応しているという。フードダイバーシティ（食に関する価値多様性）の考え方と対応が進んでいることに改めて感心した。

食の禁忌やアレルギーというのは、世界の中で日本の対応が特に遅れている分野のひとつに数えられるだろう。即、命に関わる危険性のあるアレルギーに関しては、細やかな対応をする事業者も現れ始めているが、地方都市にまでは浸透していないように思う。

一方、世界の状況は違う。シドニーのまちでしばしば見かけたのは、ベジタリアン（菜食主義者＝肉や魚を食べない人）対応のレストランであり、各ストアにおけるベジ対応およびグルテンフリー（麦類に含まれる特定タンパク質成分を含まない食品）、オーガニック等の表示が付いた食品類であった。

もちろんオージービーフの国であるから、肉を好んで食べる人も多くいるし、シーフードが大好きな人たちもいる。だが、そんな彼の国にあっても、少なからぬ数の人々がベジタリアンやヴィーガン（チーズや牛乳などの酪農製品と卵も食べない完全菜食主義者）で、総計では人口全体の3割ほどになるそうだ。また、宗教上の理由で食に制約がある人も、世界には多くいる。シドニーでも、事前の予想以上にムスリム（イスラム教徒）が多く見られ、ハラール（イスラム法で食べることが許されている食材や料理）の店も散見された。

そういう人たちが、2019年9月には40万人も日本にやって来るのだ。

「ベジタリアンにはサラダを出しておけば良いだろう」といった安易な考えでは、大きな不平と不満が巻き起こることだろう。

2015年のイングランド大会では、ラグビー発祥の地での開催ということもあって、勝てば祝勝会、負けても残念会といった具合に、試合ごとに各地で乱痴気騒ぎとなったようだ。そこでは大量のビールが消費され、食事も消費されて、特需が生まれたわけだが、もしも不満足なおもてなしにしかならなければ、ブーイングの嵐になることは目に見えている。それは日本への失望となり、負のレガシーになることだろう。

フードダイバーシティに向けては、横浜のヨコハマグランドインターコンチネンタルホテルなど真剣に取り組み始めているところもあるが、まちのレストランや居酒屋においても、基礎的なダイバーシティについての認識と準備は不可欠だ。そして、それは今から準備しておかなければ間に合わない。2019年9月になって、いきなり対応しようとしても到底無理な話である。

フードダイバーシティの実現は、理念の問題にとどまるものではなく、切実な、そして切迫した課題だ。日本のインバウンドが、アジアをはじめとする近隣国の需要に頼っているリージョナルな次元から、グローバルな真の観光大国へと脱皮し、成長していく上では避けて通れない最重要関門である。

しかし同時に、そこには大きなチャンスが待ち受けている。また、現在ますます増えているムスリムの訪日客へのハラール対応へもつながる。たったひとつの多様性に対応するよりも、すべてに対応したほうが容易だからだ。フードダイバーシティという認識を持つことで、そうした敷居が極めて低くなるというプラスのメリットは大きいであろう。

2 言語対応

開催期間が長期にわたるため、観戦にやって来るファンだけでなくメディア関係者などにしても、開催都市だけ回るよりも、より広域にわたって動くことが想定される。はるばる日本にやって来た彼らにとって、この列島内の移動は誤差にすぎないからだ。もしかすると、少し遠出を計画するかもしれない。

つまり、近くに開催会場がないから関係ないと思っていてはいけない。これを商機とするには、思いもかけぬまちに欧米豪を中心としたラグビーの応援団がやって来ることを想定し、先読みしていくべきである。

そのとき、まさに課題となるのが言語対応であるが、必ずしも多言語対応である必要はない。このインターネット時代においては、各言語にそれぞれ対応するのではなく、もはや英語が世界の共通語になっていると考えたほうがいい（アジア地域と違い、特に欧米豪州の人々は英語の堪能な人々も多い）。

今や、日本国内の都市部の駅や空港など主要な交通拠点では、英語だけでなく多言語（特に中国語繁体字・簡体字およびハングル）への対応が進んでいるが、地方においてはそうもいかない。有名観光地では何とか対応できていたとしても、まち中は自分たちも観光地だという認識がないために、まったくできていないのが現状だ。突然ラグビーファンが押し寄せてきても慌てることのないように、今から店内のトイレや出口の案内を、少なくとも英語対応にしておくべきだろう。飲食店においては、メニュー名を英語にするだけでなく、どんな料理なのかの簡単な説明と、分かりやすい写真のビジュアルも必要だろう。

図表1－4　フードピクトグラムのイメージ

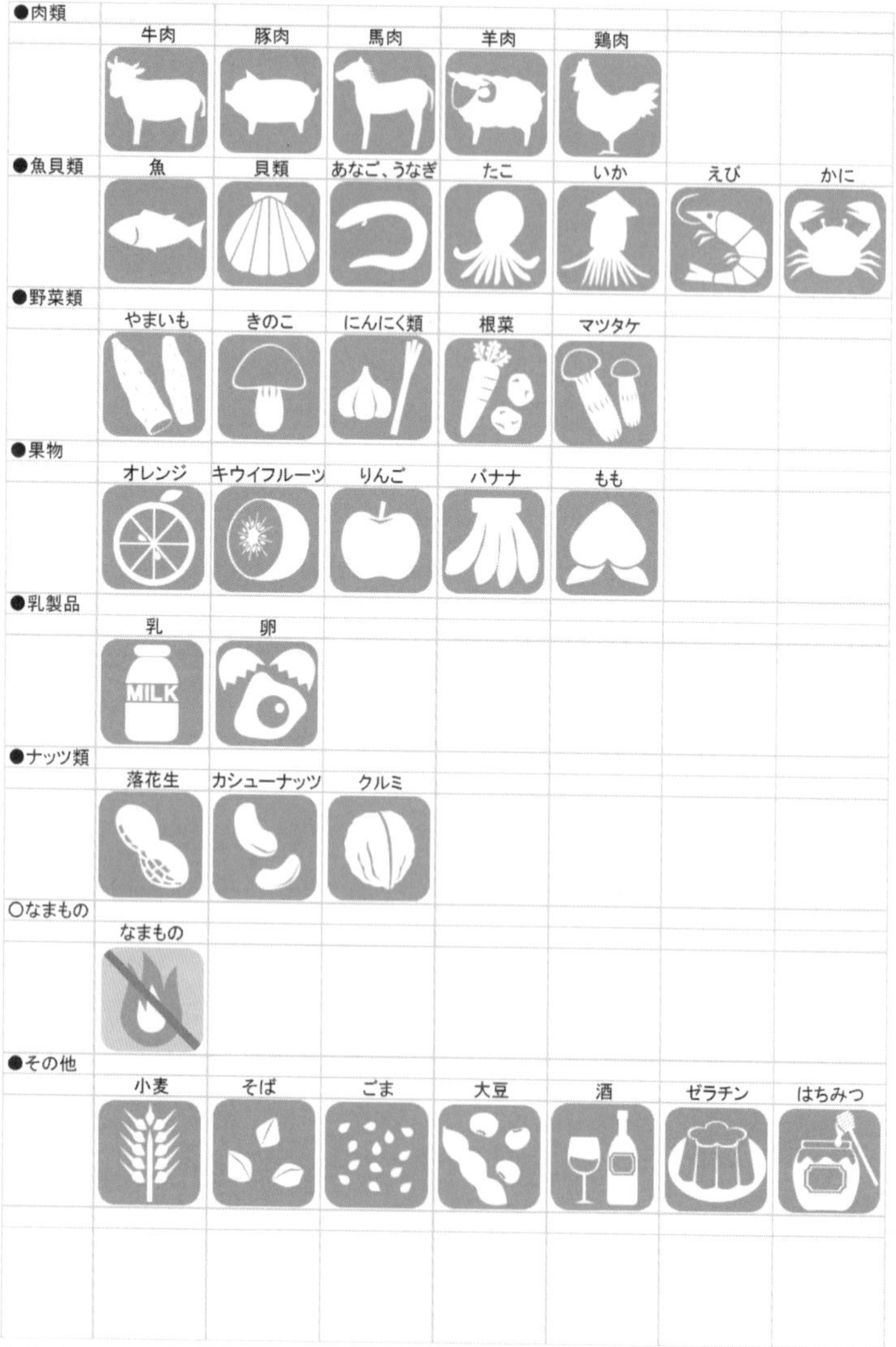

出典:東京都多言語メニュー作成支援ウェブサイトより

そこにフードピクトがあるとさらにいい。フードピクトとは、食材表記のピクトグラム（絵文字）のことで、特にアレルゲンや禁忌となる食材が使われている場合に用いられる。フードダイバーシティの実現という観点でも、ぜひとも導入を検討したい。そして、飲食店に限らずすべての業態の店舗・施設においてクレジットカード（ペイメント）対応も不可欠のおもてなし戦略である。

3　ラグビー文化への理解

先ほども述べたように、彼らは日本に興味があってくるのではない。開催会場を持つ都市を中心に、すでにさまざまな交流プログラムが各地で用意されているが、大事なのはラグビー文化へのリスペクトだ。実際、この大会はアジア地域で初めて開催されるワールドカップの大会である。このことは、日本に限らずアジア各国におけるラグビー文化の浸透と振興を企図して開催されることを意味している。それゆえ、ラグビー文化を無視したおもてなしでは意味がない。

たとえ、地元にラグビーチームがなくても、例えばサッカーや野球など他のスポーツの少年チームや地元学校のスポーツクラブがないまちなどはない。そうしたスポーツチームの生徒諸君や地元の子どもたち向けに、少なくともラグビーの競技ルールを理解できるような機会を設けるべきだと思う。

まず自分たち大人が理解し、それを子どもたちに教えて、ラグビーを心から愛する世界各国からのラグビー愛好家の人々との交流に向けて、今から準備しておくことが必要となる。それによって、より深い交流と関係構築が可能となっていくだろう。

またそれが、今後の各まちのレガシーにもなっていくことが大いに期待できる。

4　シンボリックなレガシー拠点の準備

地方の有名旅館や有名施設に行くと、「これは昭和天皇がお座りになった椅子」であったり、「あのチャップリンが泊まった部屋」など、著名な人がその場所にやって来た足跡が、今でも貴重な記念物（これもひとつのレガシー）として大切に保存されていたりするのをよく見かける。当然、そのスポットに興味を引かれてわざわざやって来る人もいるわけで、つまり「あの人も来た」という証拠をきちんと残しておくだけでも、それ自体が十分な観光資源となることが、ここに証明されている。

例えば、ラグビー発祥の地はイギリスであるから、ひょっとするとチャールズ皇太子かラグビー経験者のヘンリー王子が、イングランドチームの試合観戦のためわがまちを訪れることがあるかもしれない。そうとなれば、宿泊された宿や訪れた場所などは、50年後、１００年後までも語り継がれるレガシー拠点となるだろう。

もちろんイギリスに限らず、参加各国の元首や、それに準ずるＶＩＰがやってくる可能性も大いにある。迎える側の立場になってみれば、粗相があってはならないというプレッシャーや、警備の安全面ばかりを感じることもあるかもしれないが、たとえそうであったとしても、同時に大きなインバウンド需要の宝物となりうることを忘れてはならない。

ＶＩＰ・セレブの来訪にしっかりと対応するのは当然のことながら、記念ルームなどを事前に準備して厚遇すれば、あとあとその国の人々の記憶にも残るに違いない。行政や特定の事業者だけで何とかしようとせず、まちぐるみの歓待でもって受け入れることで、より大きな喜びと満足になり、それが、次のインバウンド需要を喚起することにもつながる。

こうしたことも、事前にしっかりとした準備と誘致をしておかなければ、レガシーとはならない。また、万が一各種準備が後手後手に回って、よもや対応に落ち度があったりしては、負の遺産となって長く引きずることにもなりかねない。細心の注意と配慮、万端の準備、そして同時に大胆な発想に基づく戦略実施の両方が必要だろう。

5　市民総出のおもてなし

現在、全国12会場のそれぞれの開催地では事務局が設置され、円滑な競技運営のための準備に、大会運営の関係者の皆さんは精を出しておられることと思われる。事故のない安全な運営がなされるのが最重要であることは言うまでもないが、本書の各章でも述べているように、これをインバウンドの商機とし、さらに大会後のレガシーを創出していくためには、すべての市民を巻き込んだ戦略が必要となる。

それは、市民の誇り（シビック・プライド）となるようなレガシーづくりが不可欠となる。もちろん、先ほど述べた通り、地域におけるラグビー文化の醸成も不可欠だが、これまでほとんど外国人観光客（特に欧米豪州からの訪日客）が来たことがないまちに、世界各地から数万人規模の大会関係者や応援の人々がやって来ることになる。それゆえ、この機会を通して、市民総出でおもてなしをするということを考えるべきであろう。

行政や文化施設、観光事業者など特定の関係者だけの大会とせず、すべての市民がわがまち・わが地域に誇りと義務と責任を持って、世界の人々を迎え入れ、おもてなしをする。これこそが、最も重要なレガシー創出への準備である。

今この本を執筆している時点で、開催までちょうど1年である。今からでも遅くはない。ベストを尽くしてラグビーワールドカップを迎えたい。それが、来る2020東京オリンピック・パラリンピックへの大きな財産となり、資産となり、日本全体の経験値となることは間違いない。

▽真のレガシーこそがこの国を「滅ばない日本」へと導く

1964年に開催された前回の東京オリンピックは、日本の戦後復興と高度経済成長を象徴する出来事として、エポックを画す一大国家事業であった。だが実のところ、その直後の日本は不況に見舞われている。なぜなら、新幹線や首都高速道路など、あまりにも急速に社会インフラを整備することになったため、相当な前倒し投資が行われたからにほかならない。とにかく五輪に間に合わせろという大号令のもと、多額の予算が傾斜配分され、開発経済的な先行投資が行われた。そのせいで、五輪直後の数年間は不況に陥った。1970年の大阪万博（日本万国博覧会）のときも同様だった。

当時の日本はまだ一途上国（今でいう新興国）にすぎなかったために、こうした揺り戻しが起きたわけだが、今回はそれを心配するよりも、序章で述べた通り、レガシーの創出こそが最重要な課題である。メイン会場となる国立競技場こそ建て替えるものの、前回のレガシーである東京体育館、国立代々木競技場や日本武道館等を活用するため、建設特需が急に冷え込むことは考えにくい。そもそも、五輪特需で建築費が高騰することを見越して、東京都心の主要なビルの建て替えや不要不急のインフラの更新は、むしろ建築費高が落ち着く２０２０年以降に先延ばしされているケースも多いため、五輪後はむしろ建設需要は伸びる、とさえ言われている。

もちろん、五輪後の落ち込みが皆無であり、何の問題もないということではない。もちろん多少のリバウンドはありうるし、実際のところレガシー創出に成功したシドニーやロンドンにおいてさえも、落ち込みがゼロではなかった。

ただし、アテネやリオのケースと違って、シドニーやロンドンは、レガシーづくりに長期的な視点で取り組んだからこそ、リバウンドどころか、当年よりも翌年のほうが、インバウンド需要は高まった、とさえ言われている。

日本においても、大事なのは、まずは長期的な戦略である。そして序章で提示したような、五つの骨太のレガシー&ビジョンが必要であろう。一言で表現するならば、「滅ばない日本をつくる」というところに集約されると私は考える。

「滅ばない日本」とは何かと問われれば、やはり広義の観光立国の樹立であり、シビック・プライドの形成だ。

開催都市の東京都だけでなく全国民が、２０２０年に向けた準備の中でシビック・プライドを形成し、このオリンピック・パラリンピックからレガシーを生み出し、日本の生き残りに積極的に関与するという意識が不可欠であると思う。

各国チームをキャンプ地として受け入れる地域においても、ただ迎え入れるだけでなく、これをスポーツ・文化交流の機会であると捉えて、住民への浸透を図るべきであろう。

アテネの主要な競技会場が廃墟になった理由は、地元にそうしたスポーツ文化がなかったために、結局使われなかったからだ。それなのに、オリンピック発祥の国というプライドだけで新たに建設したがために、文字通りの負の遺産（レガシー）となってしまったのである。

健全なるレガシーを残していくには、ただ観光特需といった視点ではなく、持続可能な力に変えていくような捉え方が求められる。具体的には、世界に開かれた地域づくりの契機であり、大会そのものを、スポーツを通した国際交流の場とすべきである。

そうした取り組みによって生まれるものこそが、真のレガシーとなっていくのだ。

IRの可能性と課題

IRとは特定複合観光施設区域、すなわちカジノを含む統合型リゾートをいう。政府はこのIR整備により、「世界中から観光客を集める滞在型観光を推進することで、観光先進国の実現を目指す」ことを標榜している。

カジノは言うまでもなく賭博である。現行刑法には賭博罪および賭博場開張図利罪が存在する。その違法性がこれらIR特別法により阻却され、合法となる。それゆえ、IRが議論される場では常にギャンブル依存症対策の議論がなされる。IR整備法の規定においては、国内の依存症対策として、入場回数制限は7日間に3回、28日間で10回、本人・入場回数確認手段としてマイナンバーカードを義務付け、1回の入場料6000円が徴収される。また、IR内でのカジノ部門の極端な肥大化回避のため、IR施設の延床面積の3%以下に制限される。

私もこうした依存症問題に強い懸念を抱いている。ギャンブルは麻薬のような常習性を喚起しやすくさまざまな社会問題を惹起しうる。その対策については大いに議論され、世界一厳しい規制と対策を講ずべきと思う。

しかし、現状のＩＲ論議は、常にこの依存症懸念ばかりに過度に偏り、肝心のもうひとつの大事な議論が抜け落ちている。それはトレードオフ問題とその対策論だ。トレードオフとは、一方を追い求めることで他方が犠牲になる、相反する関係をいう。ＩＲは、巨大な観光施設で、巨額のギャンブル資金・レジャー費用が消費される。

先日、ＩＲ産業研究第一人者の木曽崇氏（国際カジノ研究所所長）に、国内外のＩＲ利用客の比率予想を尋ねた。同氏からは、前述の日本人入場料の設定・入場回数制限等により国内客比率は下がるが、それでも国内客75％、訪日客25％という回答があった。カジノ客４人のうち３人は国内客になるという。

妥当な数値仮説だと思う。米ラスベガスなどの外資カジノ資本が巨額投資してまで、日本進出を検討しているのは、国内の大きな潜在需要を見越してのことだ。経団連やシンクタンクの試算するＩＲの経済波及効果は1カ所当たり年間約６０００億円と見積もられているようだが、当然その４分の３は国内消費とのトレードオフが生じる。

例えば、これまで毎夏沖縄に国内旅行に行っていた家族が、新設のカジノリゾートを訪れれば、沖縄の観光消費額は消失する。家計の中の余暇活動費はゼロサムである。カジノに消費すれば、その分、その他観光消費は目減りする。

それゆえ、トレードオフ対策が必須になる。まずはインバウンド振興が不可欠だろう。ただし、訪日市場においてもトレードオフ問題は存在する。例えば、毎年北海道や長野のスキーリゾートを来訪していた外客がＩＲ滞在を選択すれば、その分それらのスキーリゾートの観光消費額が消失する。

どうすればいいか。まずひとつは、ＩＲの本来機能であるＭＩＣＥ（国際会議・見本市）戦略により、ＩＲがあるから日本で会議等を実施するというような純増分を最大化する戦略と世界のカジノファン誘致の徹底的強化策。

もうひとつは、本来来場客の囲い込み装置であるＩＲ自体を、開放循環型の送客装置に転換し、ＩＲ客を再拡散させ新たな広域観光需要を喚起する戦略である。

今こともなげに二つの戦略を提案したが、これらは言うは易く行うは難い。トレードオフ阻止に向けた議論なしのＩＲ推進には大きな落とし穴がある。

このＩＲという壮大な装置を真の観光先進国の実現に資するためには、この議論の深掘りとプラスサム（純増）戦略が不可避である。

（初出『週刊トラベルジャーナル』２０１８年６月18日号）

第2章

市民にとってのインバウンド

▽シビック・プライドとは何か

ここまで述べてきた通り、私は講演会や研修のために国内外の各地に、ほぼ毎週のように出動している。そうした各地において、以前はインバウンドで成功したまちの事例や、私自身が関わった事業の成功戦略を教えてほしい、という依頼が多かった。

だが、最近は違う。東日本大震災や熊本地震、糸魚川《いといがわ》の大火災などの被災地復興をインバウンドで応援したいという私の想いもあってか、訪日観光の先進地よりも、訪日振興はこれからというまちに招かれることが多くなった。そして最近は、シビック・プライド戦略について話してほしいという要望が増えている。

セミナーの聴衆も大きく変化した。私の定義する狭義の観光関係者、すなわち宿泊・運輸・レジャー事業者に加え、その地域のあらゆる産業、まちづくり関係者、一般市民が増えた。在日外国人・留学生や高校生の姿も見かける。

では、「シビック・プライド（civic pride）」とは何か。

英語のシビックはもともとラテン語の civicus（まち・市民に関する）に直接由来する「まちの、市民の」という意味だ。プライドとは「誇りと愛着」。つまり、市民の誇りと単純に訳せるが、それは単なるふるさと自慢とは違う。実は、もう少しメタファー（含蓄）がある。シビックはもちろん市民であり、プライドは誇りだが、それは義務を伴うものである。「私のまちは私が支える」というのがシビック・プライドという言葉の真に意味するところだ。「私のまちが生き残っていくことに私は関与する、また、私にはその責任がある。なぜなら、わがまちには譲れない魅力があるからであり、それを世界の人々に発信していく義務が私にはある」――これがシビック・プライドである。

これまでの狭義のインバウンドには、特定の事業者だけが取り組んでいた。あるいは、国や自治体においては観光課だけがインバウンドを行っていた。その時点で、すでに国際競争では負けていると言わざるを得ない。しかもほとんどのインバウンド担当者は、レジャー産業の中だけでマネタイズポイントを探そうとする。だから矮小化されている。

例えば、補助金をいっぱい積んでアジアの団体ツアーを地域に降り立たせて……といったことをいつまでも続けていても、まったく意味がない。それではザルにバケツで水を入れるようなものだ。

シビック・プライドが地域に根ざしていないかぎり観光立国など不可能である。そうなれば、この国は生き残れない。つまりシビック・プライドこそ、観光立国の礎《いしずえ》なのである。

▽なぜ今、シビック・プライドが必要なのか

シビック・プライドは、もともとイングランド北部で19世紀後半に生まれ、今世紀に入って欧米の都市中心部の再生事業に伴い、再注目されている概念だ。

それまでは王侯貴族がまちを支えていたが、産業革命によって商業者や工業者などの市民が力をつけることとなった。すると、これまでは市役所や博物館といった公共施設は、貴族がお金を出して建設・修繕を行ってきたが、それらが市民の寄付によって作られるようになった。そうやって、私がまちを支える、このまちの文化や固有性を守るのは自分である、という意識を芽生えさせ、育んでいくことが、シビック・プライドの形成プロセスである。

日本に限らず先進国の都市は、グローバル経済の進展により、伝統的な共同体の場ではなく経済活動のためにたまたま住んでいる人々の雑多な集合体となり、そこに人々の帰属意識や誇りや愛着は薄くなっている。そうして都市が劣化した。シビック・プライドを再形成する目的は、失われてしまった住民の帰属意識の復興であり、都市の求心力の再創造にある。

それゆえ、シビック・プライドという概念には、自らのまちを良くするために、自分自身が主体的に関わるという当事者意識が含まれている。自分のまちを誇りに思うだけでなく、その

共同体の一員としての責務を自覚することが、この一言に内包されているのだ。

世界の観光客を自らのまちに呼び込むための大前提は、このシビック・プライドの有無にかかっている。というよりもむしろ、シビック・プライドの形成なくして観光立国は実現しないとさえ言える。

もちろん、Ｗｉ－Ｆｉ整備や多言語表記、地域の国際空港や海港の整備、観光施設の磨きあげ、ＳＮＳ発信や販促といった個別の施策も、それぞれ大事だ。しかし最も重要なのは、地域のシビック・プライドの形成にほかならない。これなくして、インバウンドの持続的成功はほぼ不可能と断言してもいい。

訪日市場の伸びは好調で、そのほとんどはリピーターとＦＩＴによって支えられている。そうした訪日外客は、特定の観光スポットや施設だけを巡るのではない。まち・地域全体を訪れ、ご当地の人々のライフスタイルそのものを体験し、堪能したい——そういう思いで地域にわざわざ足を運んでいる。

現在の日本において、現状のままでいいまちなど全国にひとつもない。人口減少が日本を襲っているからだ。まちは日に日に弱体化しており、それは今後さらに加速するだろう。

シビック・プライドに基づく、まちの全市民の主体的な関与とおもてなしが、今後のインバウンドの成否、ひいては、まちの生き残りの鍵となるだろう。

先日、兵庫県豊岡市の中貝宗治市長の話を伺う機会があった。中貝市長によれば、インバウンドはまちを統合する「糸」だという。

平成の大合併で周辺市町村が合併したが、人々の心は今も十分には統合されていない。これを結びつける絆がインバウンドだという。旧町村を真珠の玉とすれば、インバウンドの糸が豊岡市という真珠の首飾りを貫き、より魅力的なまちのパワーを生み出す。市内の城崎《きのさき》温泉に来た訪日外客は、出石《いずし》の城下町など他の市内をも回遊してくれる。そうした訪日外客たちが、豊岡市より広域の「とよおか」という新たな自己像を生み出している、という話だった。

そうなのだ。手鏡《てかがみ》をのぞけばそこに自己の姿が見えるように、インバウンドの外客は地域を映す鏡だ。

シビック・プライドの形成プロセスは、インバウンド振興と一体不可分のものである。市民の誇りと自覚こそが訪日外客を呼び、双方向のダイナミズムを生み、地方創生と観光立国の礎を創る。

▽文化財保護とシビック・プライド

２０１８年６月、文化財保護法が改正された（施行は２０１９年４月予定）。大きく変わったのは、歴史的建物や史跡、美術品の活用に関する地域計画を定めた市町村に対して、権限移譲や税制優遇などで支援する新制度が盛り込まれた点だ。

現行法では、重要な建造物や祭礼などは国が指定することになっている。それにより安易な現状変更を規制する一方で、修理などにかかる費用を補助してきた。だが、少子高齢化で古民家の空き家が急増するなど、個別の保護では、景観や祭礼の維持が難しくなっている。そこで地元自治体に一定の権限を移譲することで、きめ細やかな保護と、より積極的な利活用を促進する狙いがある。

保護の対象も拡大される。従来は国が指定した個別の重要文化財などが対象だったが、これからは、指定のないものも含めた一体的な地域の文化財活用そのものが、保護の対象となる。これは、過疎化の進む集落や宿場町などを収益性のある観光資源として認識し、再生して、次世代へ継承していこうという姿勢の表れだ。

さらに、現在は自治体の教育委員会が担っている文化財保護業務を、観光やまちづくりなどを所管する部局が担当できるようにするべく、地方教育行政法も併せて改正された。新しい文化財保護法と同時に施行することで、文化財活用の一層の円滑化を図る。

こうした動きは、国が上から目線で文化財を指定し、その代わりに補助金を出すというこれまでの姿勢を改めるものだ。その上で、単品を守るのではなく、その地域の文化、つまりストーリーを保護するという視点に移ったといえる。

特に、文化財保護を教育委員会だけではなく、自治体の首長部局などが担当できるようになった点は、ただ文化財を後生大事に守るのではなく、より積極的に観光資源・まちづくり資源として利活用するという立場にシフトしたことを意味している。また、それを国が自治体に促しているともいえるだろう。

インバウンドの観点からすれば、これは大変に喜ばしいことだ。訪日外客にとって日本の最大の魅力といえるのが、その歴史であり、文化である。それを直接目にし、あるいは体感することのできる文化財は、さらなるインバウンド需要のために、ぜひとも利活用してほしい。

だが、貴重な文化財は保護すべき対象であることに変わりはない。観光資源としての利用が、かえってその価値を損ね、よもや文化財そのものを傷つけてしまうことになっては元も子もない。

これから文化財をどう保護し、その上でどうインバウンドに活用していくべきか。その答えを導き出すには、シビック・プライドの形成が不可欠だ。

シビック・プライドとは、「私のまちは私が支える」という義務と責任を帯びた住民意識であり、それには、まちの歴史や文化への深い理解が欠かせない。文化財とは、まさにまちの歴史や文化が体現されたものなのである。

高校生の観光選手権

毎夏、ひときわ楽しみにしているイベントがある。全国の高校生が観光プランを競う観光甲子園だ。今回も神戸に全国の高校生がその決勝大会に集い、熱闘を繰り広げた。私は、訪日部門の審査委員として、会場ホール最前列で激闘の一部始終を観た。毎年、思わず涙腺が緩むほど感動する。審査を受け持つのは今回で3回目。年々レベルが上がっている。全国から87校227もの応募プランから、予選を勝ち抜き、見事に決勝進出したのは訪日部門で8校。

今年の訪日部門の優勝（観光庁長官賞）校は愛媛県立土居高等学校チーム、テーマは「BONSAIの聖地へタイムスリップ」。地元四国中央市の名産「赤石五葉松」盆栽をテーマにした見事なツアープラン。

今年の訪日部門のお題は「私たちのまちに外国人は呼べるか7-DAY INBOUND TOUR」ということで、20年のオリパラに向け、もっと滞在したくなるような1週間の長期滞在プランの企画提案だった。

8校とも長期滞在してもらうための、まちの魅力発掘に創意工夫を凝らしていた。日帰りや1泊2日であれば、一通りまちのコンテンツを観て回れば済む。しかし1週間ともなれば、コト消費化、すなわち体験化が必須となる。しかも単なる観光体験では済まない。ある意味、修行レベルの体験コースとなる。

大会終了後の交流会で、引率の土居高等学校の先生に話を伺った。

「いやあ、予選段階で2位にノミネートされて地元の期待が高く、野球の甲子園で準優勝の金足農業の快挙に続けと地元紙でも取り上げていただき、私までプレッシャーを感じていた。生徒たちを誇りに思う！」と興奮気味に喜びを伝えていただいた。

同校の4人の生徒も満面の笑顔。優勝校のみならず、椿をテーマにした東京都立大島高等学校、伊達のサムライ文化をテーマにした山形県立村山産業高等学校、南部手踊りをテーマにした青森県立名久井農業高等学校、赤穂浪士をテーマにした兵庫県立赤穂高等学校定時制課程、慶長遣欧使節をテーマにした宮城県仙台二華高等学校、越前和紙をテーマにした福井県立福井商業高等学校、知床の冬をテーマにした北海道斜里高等学校。それぞれ、甲乙つけがたい内容であった。

あらためてこの観光甲子園大会の何に感動するのかを考えてみた。それは生徒諸君のひたむきな姿勢に加え、郷土愛の強さだと思う。決勝戦には、地元の祭り装束や工夫を凝らした衣装を着て、伝統芸能を踊ったり、武将の甲冑を着て演武したりと、各校相当な準備と練習を経て、遠路はるばるやって来てハレの舞台に立っている。単なる机上のプラン発表ではない。そこには地元の生活文化・食文化・祭り（精神）文化を体現している彼ら彼女らの強い想いが込められる。全員がまさに各まちのシビック・プライド（市民の誇り）を背負っている。採点中、先日の表敬訪問時に岐阜県可児市の冨田成輝市長から伺った話が蘇った。

「当市は高度成長期に急速に人口が増えたベッドタウン。まちの7割は新住民だ。人口10万人のうち約6％は外国籍の方々。世界の観光客を呼び込む前に、住民自身の自己像確立が急務だと思う。今回子どもたちがまちの歴史や自然を学べるようにと『可児市のじまんとほこり』という読本をつくり、小学6年生に学んでもらっている。子どもたち・住民がまちを知らずして観光立市は実現できない」

観光立国は大人たちの力だけではとうてい不可能だ。子どもたちこそ、みらいのわが国の担い手である。すべての子どもたちに向けたシビック・プライド形成と観光立国教育推進こそ、ニッポンの最重要政策なのだと、私はこの日強く思った。

（初出『週刊トラベルジャーナル』2018年9月17日号）

第3章

勝ち残るインバウンド戦略 12の極意

極意1

地域の誇りこそ、おもてなしの源泉とせよ

日本のインバウンド事情は、わずかこの5年間（2012年～2017年）のトレンドを概観するだけでも、そこに大きな変化の潮流が見て取れる。それは、パッケージ化された団体旅行から個人旅行（FIT＝Foreign Independent Travel）への大転換である。

欧米豪州からの訪日客については、その9割以上がFITである状況は従来と大きな差はないが、2017年には、香港からの訪日客も90・6％がFITとなっている。韓国のFIT比率は86・0％、台湾は63・2％で、全体のFIT比率は実に76・2％だ。2018年以降は、この傾向がさらに加速していくことだろう。

この全体のFIT比率の伸びに大きく影響しているのが中国だ。かつては個人観光ビザの発給すら認められていなかった中国においても、2012年と2017年を比べると5年で個人旅行客比率は倍増しており、2017年のFIT比率は61・8％へと上昇。日本側のビザ発給要件の緩和によって個人旅行者が一挙に激増したからだ。日本中を席巻した「爆買い」ブーム

も、このことが引き金となった。

このように、ＦＩＴ化への移行は着実に、そして急速に全市場で進んでいる。最終的には欧米豪州のように、すべての国・地域からの訪日客の９割以上が個人による旅行になるであろう。

この事実に驚く人も少なくないはずだ。確かに、ほんの数年前まで、特に地方においては団体旅行が中心だった。その認識のまま、相変わらず団体訪日旅行にばかり注力し続けてインバウンド戦略をとっている自治体・企業も多い。だが現実のほうが、そうした誘致側・受け入れ側の認識をとっくに追い越してしまっているのが実態だ。

これからは、大都市圏であろうと地方部であろうと、インバウンドで勝ち残っていくためにはＦＩＴに対応した戦略が必要となる。そのためには、これまで培ったパラダイムをいったん捨て去らなくてはならない。

団体旅行というのは結局のところＢtoＢ、つまり、個人ではなく事業者を相手にしたビジネスであって、例えば具体的には、国内のランドオペレーターや海外の旅行会社と提携することを意味する。それゆえ、「うちのホテルに泊まってくれたら特別料金を設定しますよ」「わがまちに来てくれるなら、大型バスのチャーター費用の一部を負担しますよ」「チャーター便を飛ばしてくれれば、着陸料分補助金を出しますよ」といった提案が功を奏してきた。

こうした誘致策について、どんな策でも大勢の旅行客がまとめて来てくれるなら、それでいいじゃないか、という言い分もあるかもしれない。ところが、これは私が実際に聞いた話だが、現地の旅行会社からすれば、「行き先も泊まり先も、本当のところ日本のどこでもいい。割のいい補助金を積んでくれれば、割安の広告を打って、旅行者を集めるだけだ」ということになる。どこのまちの、どんな施設・ホテルでも関係ない。補助金を出してさえくれるなら……というのが彼らの本音だ（もちろん、一部の優れた旅行会社は違う。ＦＩＴでは訪問しにくい、とっておきの観光資源を開発して顧客には特別なツアー商品を提供している事例もあるにはある）。

しかしそれでは、持続可能なインバウンドの構築につながらないことは明らかだ。翌年ほかの自治体からもっと美味しい条件を出してもらえば、需要はその別のまちに流れるだけである。そもそも、相手側には、是が非でもこのまちに顧客を送りたいという熱意もこだわりもないのだから、それも当然のなりゆきである。

また、それだけでなく、そうやってパッケージ化された団体旅行でまちにやってきた外国人が、そこで訪れた施設や宿泊したホテルを、果たしてどれだけ覚えているだろうか。それは実際に、読者の皆さんご自身が、かつて団体旅行で訪ねた観光地や宿や食事処の記憶をたどってみれば実感できるに違いない。

「確かスペインの何とかっていう店に行ったけれど、そこでどんな料理を食べたかは覚えていない」「はて、どんなホテルに泊まったのだったかな？」、そんな思いに駆られる人が多いはずだ（私自身にも、そういうあいまいな記憶しかない、若いころに出掛けた海外旅行の思い出がある）。

要するに、補助金に頼る団体客誘致策だけでは、次につながるものを何も生み出せないのだ。それがいまだに続けられているのが、特に地方部におけるインバウンド戦略の現状の一端である。現実はすでに大きく変わっているというのに、数年前の認識に取り残されたままの自治体や企業は少なくない。

そもそも、個人旅行（ＦＩＴ）が増えているという事実よりも先に、団体の訪日旅行そのものが消滅の危機にある、という認識を持つことから始めなくてはならない。そして、そういう縮んでいく市場だけにいつまでもしがみつくのではなく、今後ますます伸びていくＦＩＴ需要を確実に取り込むことでしか、持続可能なインバウンドは実現できないのだという覚悟を持つべきであろう（もちろん、ＭＩＣＥを構成しているインセンティブ・ツアー〔褒賞旅行〕・教育旅行、そして先述したような優良ツアーなどには、今後も大いにチャンスはある）。

ＦＩＴ需要の確実な取り込みのためには、特定の観光事業者や行政、日本版ＤＭＯといった組織だけでなく、全住民を巻き込んだおもてなしが不可欠になる。なぜならば、ＦＩＴの訪日客がわざわざ自分自身で旅行プランを立てて、わざわざ海を渡ってわがまちにやって来て、わざわざ泊まる「理由」をつくらなくてはならないからだ。

ＦＩＴ客は特定のホテルや観光施設にやって来るわけではない。その地域全体にやって来る。それゆえ受け入れ側も、〝タビビト〟と同じ認識に立って、総合的なおもてなしで迎えなくてはならない。そのためには、自治体や民間企業だけでなく、まちのおじいちゃん、おばあちゃん、さらに子どもたちをも巻き込んだ地域全体のおもてなしが不可欠となる。訪日のＦＩＴ客は、そのまちに降り立ち、ぶらりとまちを歩く中で、地元住民に自分たちが歓迎されているかどうかを、敏感に瞬時に判断する。

まさに第2章で述べた通り、市民の誇り、シビック・プライドの形成に徹底して取り組むことこそ、勝ち残るインバウンド戦略の第一の極意なのである。

★おもてなし問題の本質

気がかりな現状がある。それは、日本が世界に誇っていたはずの「おもてなし」の質が劣化している、という事実だ。

その要因となっているのが、欧米豪州では上昇を続けている実質賃金が、日本においては長期低迷中であることだろう。実際、厚生労働省が発表した調査をみると、２０１７年の実質賃金は前年に比べて0・2％減少し、2年ぶりのマイナスになった。

人々は、頑張っても頑張っても、それに見合った報酬が得られないと分かれば、そのうちに頑張っているふりをするようになる。さらには、頑張るという概念すら見失う。そうして日本の接客サービス業の現場は今、「おもてなししているふり」を始めているのではないかと思う。「おもてなししているふり」とはつまり、マニュアル通りの接遇であり、そつのない慇懃無礼《いんぎんぶれい》な振る舞いということだ。まるでロボットのようにセリフをしゃべり、ロボットのように動く。イレギュラーな事態には対応不能に陥り、露骨に嫌な顔をする人もいる。まったく顧客が見えていないのだ。そもそも、目の前の顧客が、自らの所得（給料）の源泉となっていることに気づいていないサービス産業従事者も多い。そうしたロボット以下のサービス業の現場も増えていると言わざるを得ない。

事実、国内のタクシーに乗って、標準的な接客に出合うことは極めてまれだ。大都市よりも地方が深刻になりつつあると思う。「ご乗車ありがとうございます！」というセリフに遭遇することすらない。乗車後、こちらが行き先を告げると無言で走り出し、到着後には金銭を授受して、無言で走り去っていく。運転は荒く下手。道を知悉《ちしつ》している人も少ない。しかも、大半の車内はニコチン臭い。トランクの荷物を降ろそうとしても、後部に回って手伝ってくれるドライバーは、一部の優良な会社以外にはほぼいない。もちろん、地方部においても、はっとするほどのモチベーションと笑顔で対応してくれるタクシードライバーに出くわすこともあるが、そのときには、むしろ今日は運が良かった、嫌な思いをしないで済んだと安堵《あんど》したりさえする。

だが、海外に行くとこれが全然違う。人間味があり、一生懸命のドライバーが多い。それでいて、接客に感動してチップを渡そうとすると、いらないと辞退されることとすらある。そこには、まさにプロの誇りが感じられる。

このように日本の接客は今、急速に劣後しつつあると思う。タクシーだけではない。飲食店やホテルなど、すべてのサービス産業にいえることだ。私は、ほぼ毎月のように海外各地に出張しているが、かつては日本に帰ってきたらほっとしたものだった。だが、今は違う。国内の方が低質化しつつあるせいで、帰国後の方がむしろ身構えるようになってしまった。

私たち現代人の日常生活の基盤は、衣食住すべてにわたって大きな不足はない。しかし、旅先では違う。すべてが不自由だ。タビビトは弱者なのである。そして、訪日外客は弱者の最たるものだ。地理も不案内であり、言語の壁もある。そんな中、限られた予算と時間をやりくりしながら移動している。そこで質の悪いおもてなししか提供されなければ、その失望の程は計り知れない。

彼らは多額のお金と時間を投資し、感動を求めて訪日しているのだ。タビビトの視点に立った「おもてなし」の提供こそが、本来の観光立国の基盤である。だが、それが大きく揺らぎ始めている。「ヤバい」と心底感じている。

★何が劣化しているのか

しかしながら、劣化しつつある接客現場の現象そのものが、問題の本質ということではないと考えている。では、何が本質なのだろうか。

それは、自らの職業への誇り、職場のみらいビジョンの喪失にあるのだと思う。従業員はマニュアルという縄で縛られ、マニュアルの檻の中で働いている。先述した通り、今私たちは一生懸命に働けば、昨日より今日、今日より明日、必ずより豊かになりうるという実感、すなわちみらいへの希望が持てなくなりつつある。いや、かつて手にしていたそれを失いつつある、といった方が正確かもしれない。

政府は働き方改革を打ち出し、「賃金引き上げと労働生産性向上」「長時間労働の是正」などの方向性を示し始めている。確かにそれら自体は素晴らしい政策だと思う。だが処遇改善にはお金がかかる。その原資はどこから生み出すのか。労働生産性向上で生み出すのか。

そもそも労働生産性向上とは一体、どのようにして具体的に実現するのだろう。無駄な残業を減らせばいいのか。労働投入量当たりの生産回転率を上げればいいのか。国内人口はこれから加速度的に減っていく。アクティブな生産年齢人口は毎年60万人以上減り、高齢者率は毎年増える。国内の総需要は全産業で激減し続ける。製造業は大消費地である海外に転出しつつある。課題は山積している。

おもてなし劣化の本質は、希望の喪失に加え、私たちの「考える力」そのものの低下だと私は思っている。かつて1950～60年代のニッポンは高度経済成長の中、所得倍増を夢見て、国民の誰もがみらいの夢を共有し、労働の報酬、すなわち希望は社会が与えてくれると信じていた。今は国や社会がみらいを保証などしないし、そもそもできない。私たち一人ひとりが自らの頭で考え、自らのみらいを切り拓かなければ、幸せは手に入らない。日本人の考える力の再興が必要なのではないだろうか。

★おもてなし再建の処方箋

2018年は明治維新から150年の年だった。かつての日本は貧しかったが、この1世紀半のうちに、日本は一時的には豊かになった。しかし今、急速に貧しくなりつつある。1990年代に世界3位だった1人当たりGDPは、今や年々順位を落として19位（2016年）にまで下がっている。

日本は「和」の国だ。個性や独自性は低く評価され、出る杭は打たれる社会である。平均的で空気を読める人が、これまでは評価されてきた。自分の頭で考える哲学・フィロソフィー的思考は蔑《ないがし》ろにされ、修身や国民道徳が押し付けられた。そのため接客もマニュアルが重視され、型通りのおもてなしでよかった。

だが日本の内需の増大要因は、これからは圧倒的にインバウンドになっていく。訪日外客とは、多様な価値観を持った人々のかたまりである。ダイバーシティ（価値の多様性）を重んじ、自らのライフスタイルにこだわりがある分、日本にも型通りのおもてなしではなく、サービス提供者が自らの頭で考え、判断し、接客してくれることを望んでいる。

そもそも、①サービス（基礎的接遇の役務提供）と、②ホスピタリティ（CS＝顧客満足のための気遣い）は概念の階層（レイヤー）が違う。①がきちんとできていることが前提で、②のおもてなしが初めて成立する。①の領域については、マニュアルの徹底で実現可能だ。しかし、②の領域は違う。現場の接客スタッフが自らの頭で考え、目の前の顧客・タビビトの目線で考えて実行しない限り、顧客満足や顧客感動は生まれない。結果、リピーターも生まれない。

では、どうすればいいのか。答えは二つあると思う。

まず一つ目は、ES（従業員満足）の最大化である。ESの実現なくして、CSの実現は不可能である。ESの実現は給与や手当等の待遇向上だけでは不可能である（もちろん、その適正な実施が大前提であることは言うまでもない）。

従業員一人ひとりに対し、CS実現のための行動に自主的権限を与え（権限移譲）、考える力を醸成するための各種研修の機会を与える必要がある。出る杭（やる気のある人）をどんどん引っ張り上げていかねばならないと思う。

二つ目は、経営陣がこれから持続的に増えていくインバウンド市場への対応戦略をきちんと持ち、組織全体のみらいビジョンを掲げ、自らの考える力を高め、自らが夢を信じ、その希望に満ちた思いをスタッフ全員に熱く語り続けることである。そして、その成果としてのみらいの果実をきちんと報酬として還元することはもちろん、先述したＥＳの向上のために投資し続け、高度なおもてなしのできる人材を育成していくことだと思う。

おもてなし立国の実現は、日本人の考える力アップにかかっている。それは当然、地域全体でのおもてなしにも共通している課題だ。型通りの対応しかできないのであれば、いくら市民全員、老若男女が総出で訪日客を迎えたとしても、そこには何の感動も、満足すらも生まれないだろう。一人ひとりが自分の頭で考えて、訪日客の立場になってみることから、おもてなしは始まる。

そのためには、自分たちのまちの魅力は一体どこにあるのか、訪日客はわがまちの何を目当てにやって来たのかを知り、考える必要があり、それは同時に、まちに誇りを持つことにもつながる。やはり地域への誇り、シビック・プライドこそがおもてなしの源泉となるのだ。それなくして、これから勝ち残るインバウンド戦略は成立しない。

極意2

トップリーダーにこそ、インバウンドの重要性を伝え、彼らを目覚めさせよ！

すでに述べた通り、近年、講演やセミナーなどで全国各地にお呼ばれする機会が増えているのだが、そうした際、まちの現場のインバウンド事情をつぶさに見聞していると、たいがい特定の人だけが頑張っている現状に多く出くわす。例えば、熱心な観光課長とか、民間企業でも特定の部署の免税担当者とか、施設の誘致責任者とか、そうした地域の一部の人だけがインバウンドに熱心かつ必死になって取り組んでいる。

しかも、そういう人たちからは、トップマネジメントや上層部への不満がよく聞かれる。「中村さん、ぜひ、うちの上司に、うちのトップに、インバウンド戦略の重要性をもっと働きかけてもらえませんか？」という悲鳴にも近い声が、ものすごく多いのだ。

これから国全体の人口が減り、各地域での人口も減り、一見増えているように見えている地域でも、実は生産年齢人口は減っているという状況にあって、持続可能な地域社会をつくっていく、あるいは、持続可能な事業経営をしていくためには、公共セクターであれ民間セクターであれ、インバウンド戦略は不可欠である。そのことを、都道府県知事、各市町村長、民間であれば社長や役員、各部署の長が理解しないと、現場はますます疲弊していく一方である。

観光立国競争というのは日本だけが参入しているわけではなく、全世界が取り組んでいる、地球規模のビジネス競争だ。そこに戦いを挑もうというのに、現場の一担当者だけで太刀打ちできるはずもない。

また、インバウンド戦略というのは10年、20年、30年かかる長期戦である。パワーブロガーなどのインフルエンサーを招聘すれば明日からすぐに効果が出る、といった短期的な視点でしか捉えていないリーダーも多いが、実際には、少なくとも向こう30年くらいを見据えて取り組まなければならない息の長い闘いである。それができるのは組織の長、リーダーしかいない。

ところが、上意下達の縦社会のこの国においては、下から上に上げていくことは難しい。そこで、日々現場で孤軍奮闘している読者の皆さんにおかれては、外部の組織、例えば、わがＪＩＦのような外部の団体と連携するなどして、自らの組織の長のインバウンドリテラシーを高めていただきたいと切に願っている。

その一方で、こんな話もある。先日、全国の市町村議会の地方議員の先生方の研修会に呼ばれて講演してきたのだが、講演後に催された交流会では、次のような声を多くいただいたのだ。

「中村さん、ぜひ当市の役所の職員の意識を変えてください」

また一方で、別途各地の市役所や役場を訪問すると、そこの職員の方々からは、こう懇願される。

「うちの議員の先生たちの固い頭を何とかしてください」

どちらも本音であるに違いない。しかし、どんな組織においても、言うまでもなく、常に最重要なのはリーダーである。

地方で各地の首長を表敬訪問すると、たいてい「ああ、わがまちでは、もちろんインバウンド〝も〟やっていますよ」という発言を首長の皆さんの口からよく耳にする。

些細なことだが、このインバウンド〝も〟、というふうに付け足しで、その他の政策の後回しでインバウンドに取り組むまち、そして企業にみらいはないと思う。インバウンド〝も〟ではなく、インバウンドに〝こそ〟最優先で取り組むべきだとリーダー自らが理解し、実行するまち・企業にのみ、みらいが開けると私は強く思う。もちろん言うまでもなく、これは「広義のインバウンド」への対応である。

言い換えれば、本書が提案する「インバウンド戦略」というのは、インバウンドを盛り込んだ企業戦略や地方創生戦略、地域振興戦略……といったものを意味するのではない。インバウンド戦略を中核に置いたまちづくり、あるいは企業経営こそが、内需がどんどん縮んでいく日本においては不可欠なのだ。これらは、似ているようで次元がまったく違う。

この違いを誰より認識すべきは、リーダーであり、読者の皆さんのまちや企業が、将来生き残っていくためには、自らの組織の長（トップリーダー）にインバウンドの重要性を徹底的に認識させることが最重要である。そして、そのためにはこれまで述べた通り、外部との連携が不可欠であり、この連携にこそ、全力で取り組んでいただきたい。

極意3 みらい（次世代）の顧客を創造せよ

「ローマは一日にして成らず」と言われるように、インバウンドを短期的な戦術のように捉えて取り組んでも、ほとんど効果は少ない。今や、インバウンドの顧客である国際観光市場の主役はミレニアル世代であり、ミレニアル・ジュニアだ。

ミレニアル世代とは、2000年代（ミレニアル）に成人になる世代という意味だ。つまり、1980年代以降に生まれた若者たちを指す。

私の米仕事であるドン・キホーテにおいて、この10年間で取り組んできたことは、まさに、このミレニアル世代をターゲットに据えた施策だった。具体的に言えば、今の大人たち向けはもちろん、その子どもたちに、ドン・キホーテグループのファンになってもらうための戦略に注力してきたのだ（10年前は、海外のどの都市に行っても、ドン・キホーテを知っている人はほとんどいなかった。しかし、今は違う）。

例えば、中国からの教育旅行を受け入れる際、日本にやって来た子どもたちには、店舗で買い物を楽しんでもらうことよりも、ドン・キホーテの公式キャラクターであるドンペン君と触れ合ってもらい、当社（ＪＩＳ）のスタッフと交流してもらうことに注力してきた。ドンペン君に象徴される当社のブランドのファンになってもらえれば、将来彼ら彼女らが大人になったときにはドンキのコアなファンになってくれる。今だけではなく、みらいのインバウンド市場を創出しようとしているのだ。

東アジアや東南アジア諸国などで開かれる旅行博覧会（エキスポ）にも積極的に出展し、インパクトと訴求力、集客力を高めた効果的なブース展開によって、インバウンドプロモーションに精を出している。当然そこにもドンペン君が登場し、会場を練り歩き、舞台上で海外各都市のダンサーの皆さんと共に「♪どんどんどん、どんき〜どんきーほおてー」というミラクルショッピングという歌のメロディーにのせてダンスを披露し、ミレニアル世代の親子連れや若者と触れ合って交流している。ノンバーバルな（言語に依存しない）、アイコンと音楽は子どもたちの三つ子の魂にも宿るのだ。当社グループは、こうした取り組みを意識的・戦略的に行っている。今だけではなくみらいへの投資をしているのだ。

念のために付け加えておくと、こうした旅行博で当社が宣伝しているのは、ドン・キホーテの店舗だけではない。「ドン・キホーテのあるまち」をプロデュースしているつもりだ。「ようこそ！　マップ」という日本各地の観光資源やホテル・旅館、観光スポットを紹介する地図の

ドンペン君と台湾の地元アイドルの皆さんとの共演（TTJ2018）

シリーズで、海外各都市の訪日外客予備軍ないしリピーター客に、より多様なドンキのあるまちの魅力をアピールするのが目的だ。各地のマップに加え、ゲームを使った参加型イベントを企画したりすることでフェイスブックのフォロワーを獲得し、海外の人々とダイレクトにつながれることも旅行博の魅力だ。ドン・キホーテは、先述のＦＩＴ客に照準を当てて、「ドンキのあるまち」への誘客を地域連携で実現しようとしているのだ。

プロモーションというと、誰もが目先のことばかりを考えがちだが、もっと長期的なみらい戦略が必要である。岐阜県高山市は今や世界中から訪日客を集める一大インバウンドのまちだが、それは30年をかけて地道に取り組んできたからである。言い換えれば、高山市のような優れた観光資源を持っているまちでも30年かかったということでもある。私自身、実際に現地に赴き同市の市長をはじめ市役所や民間の方々と交流するまでは、そうした長い長い努力の積み重ねがあったことについては、知らなかった（詳しくは、拙著『まちづくり×インバウンド 成功する「7つの力」』第三章事例1を参照）。

高山市は、将来の定住人口の減少を見据えて、世界から〝タビビト（交流人口）〟を呼び込む計画を立て、一歩ずつ着実に積み上げてきたことが、今の成果につながっている。そうした長期戦略を軸に据えて、その中では、単年度あるいは5年ごとといった短期・中期プランを組み立てていく必要がある。まさに「高山は一日にして成らず」なのである。

これから30年後というと、ずいぶん遠いはるかみらいのように感じられるかもしれないが、今年生まれた子どもが30歳になるということだ。つまり、30年後の顧客は、すでに全世界で生まれつつある。そして今の世界中の赤ちゃんたちは、30年後には社会の中心で活躍していることだろう。

何よりもまずやるべきこととは、各国のみらいの人口動態の調査と分析である。なぜなら、みらいの人口動態はすでにほとんど分かっているからだ。これから、日本と違い、生産年齢人口割合がこの先数十年間にわたって高率で推移していくのは、フィリピン、ベトナム、インドネ

図表3－1　ASEAN諸国の生産年齢人口の推移 実績と予測

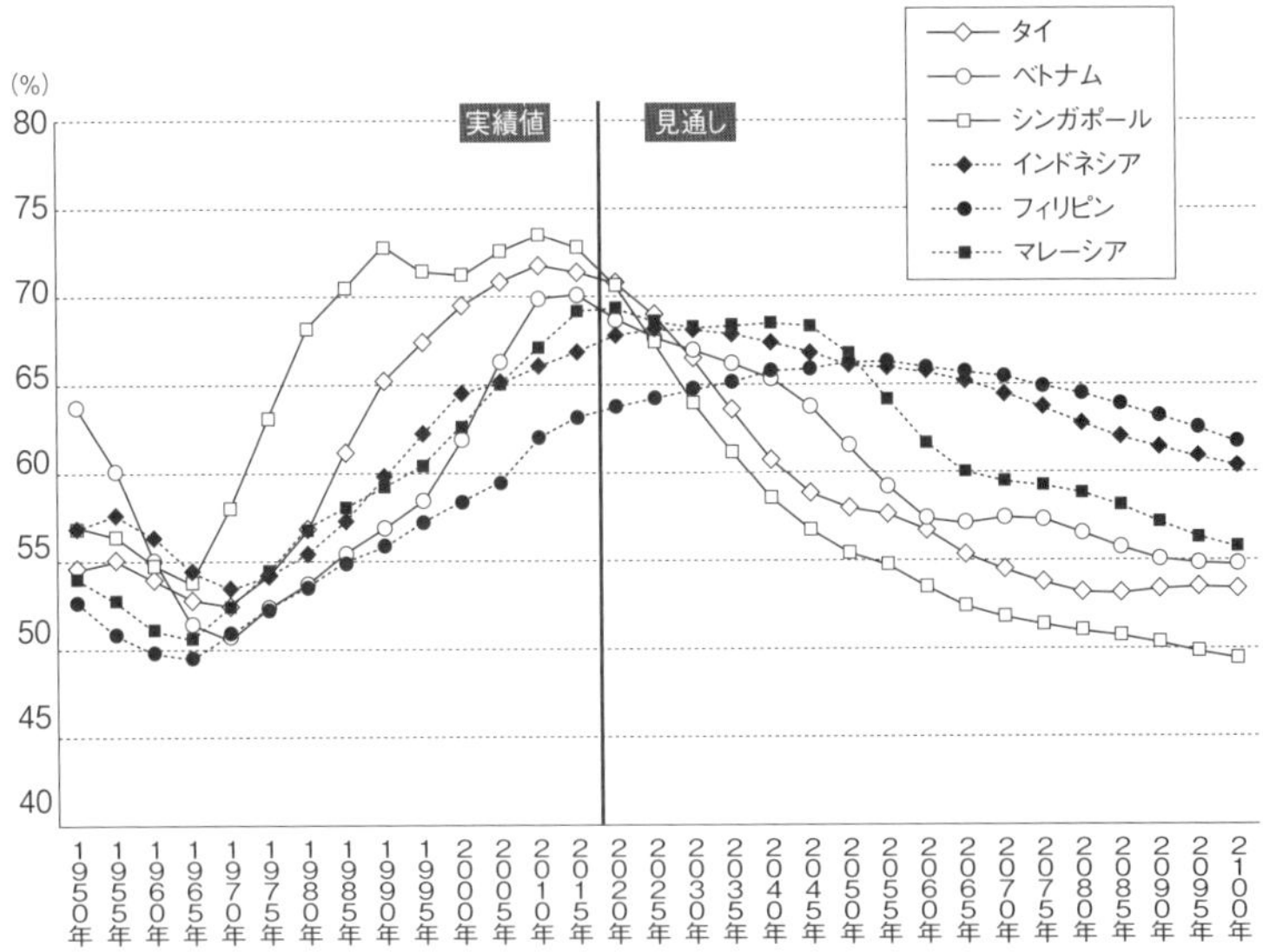

出典:World Population Prospects The 2017 Revision

シアといったASEAN地域である。

これら新興国においては、みらいの顧客となりうる子どもたちとのコミュニケーションに注力していくことに、大きな意義がある。海外でのプロモーションにおいては、今すぐの近視眼的なアプローチよりも、みらいに向けた中期長期のブランディング戦略が何よりも重要なのである。

そして、ミレニアル世代についてもうひとつ付言しておくことがある。彼ら・彼女らは全員デジタル・ネイティブ、すなわち物心がついたときからデジタル機器に囲まれ、情報を新聞雑誌などの紙媒体やテレビなどよりも、ウェブで入手することに慣れている世代であるということである。インバウンドのプロモーションもまた、パンフレットなどの紙媒体よりも、スマホで手軽に入手可能なデジタルメディア、ＳＮＳ発信での戦略立案が極めて大事になっている。実際、先日訪問したドイツ観光局では、紙類のパンフレットやマップ類は一切置かれておらず、世界中で紙媒体は全面廃止されているという話を伺った。これからのインバウンド・マーケティングはすべからくデジタル・マーケティングと、旅行博覧会等におけるフェイスtoフェイス・マーケティングの融合形が中心になっていくに違いない。

また、ＦＩＴ時代において、海外各都市で開催されるイベント活用においては、旅だけをテーマにした旅行博覧会よりも、日本全体をテーマにした、ジャパンＥＸＰＯのような博覧会、すなわち日本の食・モノ・文化・旅行をテーマにしたイベントの方が、より成果の大きい存在になっていくものと思われる。

極意4

夜に商機あり ——ナイトタイム戦略を立て実行せよ

先に述べた通り、訪日外客の数は順調に伸びているが、その一方で、1人当たりの消費額は減少している。政府目標の2020年の訪日旅行消費総額8兆円、2030年の15兆円達成のためには、1人当たりの消費額を、2020年には20万円、2030年には25万円へと伸ばしていく必要がある。ところが実際には、1人当たり旅行消費額は2015年の17万6167円をピークに右肩下がりを続け、2017年には15万3921円にとどまった。

いわゆる「爆買い」ブームが収束したことに加えて、モノ消費からコト消費への転換が進んでいることが要因として挙げられるが、この状況を打開するための重要な視点となるのが、ナイトタイムエコノミー戦略だ。

ナイトタイムエコノミーとは、日が沈んでから翌朝までの間に行われる経済活動のすべてをひっくるめた総称として用いられる。つまり、深夜の飲食店や娯楽施設といった特定の産業を指すわけではなく、夕方以降、夜間に行われる人々の経済活動のすべてを指している。

1日は言うまでもなく24時間である。ふだん人々は朝起きてさまざまな活動をして、夕方食事をして夜寝る。これまでの社会は、昼間（デイタイム）中心にすべてがつくられてきた。

今、なぜ世界中で、特に先進国でナイトタイムエコノミーが重要になってきたかといえば、その理由は三つある。

① まず、世の中の産業構造が変わってきたからである。先進国においては、農林漁業のような第1次産業や製造業などの第2次産業よりも、商業・運輸・通信・金融・公務・サービス産業などの第3次産業が大きくなり、主要国のGDPの大半を占めるようになってきた。特に大都市部においては、そのほとんどが第3次産業の従事者である。これらの人々は、必ずしも労働時間を昼間に限定される必要はない。それゆえ、さまざまなサービス産業が24時間必要となり需要が生まれてきた。

② 欧州などの先進諸国は、日本同様生産年齢人口比率がこの数十年にわたって低下し、移民・外国人就労者の流入なくしては、経済成長できなくなりつつあり、またデイタイムの経済だけでは、経済発展も都市の活性化も困難になってきている。そこで夜間眠っている潜在的価値を有効活用すれば、同じ不動産で昼と夜の二毛作が可能となることに目覚めてきた。

③ 世界中でインバウンドの旅行客の消費は各国の重要な経済要素になりつつある。外国からの旅行客の消費は、ハレ（非日常）の消費であり、ケ（日常）の消費よりそもそもデカい。

さらに昼の消費は、「ケの消費」であり、夜の消費は「ハレの消費」である。すなわち、インバウンド客の夜の消費は、最強のハレの消費なのである。卑近な例を挙げるとすれば、毎日のランチに3000円も4000円も払う人は滅多にいない。せいぜい1000円前後だろう。一方、友人との飲み会やビジネスの懇親会で1000円までしか払いたくないという人はいない（そもそもそういう人は宴席に呼ばれないだろう）。4000円の会費ならむしろ安いほうだろう。つまり、昼の財布（ケの消費）と夜の財布（ハレの消費）には大きな違いがあるのだ。海外から高額の旅費を払ってきている訪日外客の夜のハレの消費額が大きくなるのは当然であろう。ナイトタイムエコノミーに世界中が注目しているのは、この消費単価の高さである。

国内の昼の観光資源は、神社や仏閣であれ博物館・美術館といった文化施設であれ、その入場料や拝観料の多くは数百円から千円くらいの料金で済んでしまう。夜はそうしたスポットはたいてい閉まっていて、そもそも見ることができない。また美しい風景や景観は、またそれだけで儲けることはできない。日本が世界に誇る富士山であっても、観てもらうだけならタダである（消費を生まない）。また、そうした自然景観は、そもそも昼間目にできても夜は見えない。要するにデイタイムエコノミーだけで儲けるのは実は難しいのである。それゆえ、ナイトタイムエコノミー戦略は、インバウンドで確実に、そして大きく儲ける上で、不可欠なものとなるのだ。

★歴史と自然の観光資源を

日本は世界において、ナイトタイムエコノミーの最後進国だと言われている。先日、私はわが友人でもある、ナイトタイムエコノミーに詳しい国際カジノ研究所の木曽崇《きそたかし》氏よりナイトタイムエコノミー推進のための戦略について、じっくり話を伺う機会があった。その日、実に多くの示唆に富んだ知見を得ることができた。その際、同氏はこの状況について、日本人にはやはり農耕民族のＤＮＡが染みついており、「日が沈んだら眠るものだ」と思っているせいだろうという分析を披露してくれた。わが意を得たりと、私も深くうなずいた。

そうなのだ。われわれ日本人が夜ご飯を食べたあと、すぐに床に就いてしまうのとは対照的に、欧米豪州の人々にはそういう意識がないため、彼らは夜にも動く。いわんやせっかくの旅先の日本の夜には動きたくなる。また東南アジアの大都市部などでは、自宅に十分な台所がない場合（特に、流しはあってもコンロがない家庭が多いので自宅で料理をしないケース）が多く、そのため屋台文化・外食文化が花開いている。ＡＳＥＡＮの国々を旅行すると分かるように、小さな子ども連れであっても、夜遅くまで屋台で食事したり、食後にショッピングしたりすることが普通なので、おのずとナイトタイムエコノミーが発展している。

要するに、日本人だけの、われわれだけの夜の捉え方が違っているのだ。むしろ、世界的にも特殊とさえいえるのかもしれない。実際、夜になったら途端にやることがなくなってしまうのが日本だ。温泉旅館などでも、夕食を食べて飲んだらもうほかにやることがない。訪日外客の1人当たり消費額が減っているのも、ナイトタイムエコノミーに寄与するような、お金を使いたくなる場が少ないことが大きな要因のひとつとなっている。

これはナイトタイムに限定した数字ではないが、ＯＥＣＤの統計をもとにした分析によれば、外国人客の消費支出に占める割合において、訪日外客は娯楽サービスへの支出が圧倒的に少ない。フランスを訪れる外国人客なら11・1％、アメリカなら12・2％なのに対して、訪日外客が娯楽サービスに使うお金は消費支出全体のわずか2・5％しかない（２０１５年実績）。

この娯楽サービス支出率が低い理由のひとつとして木曽氏は、消費コンテンツそのものを育ててこなかったことを挙げていた。日本はもともと歴史や自然といった観光資源に恵まれているため、それに頼りすぎて、独自にゼロから観光資源を創出することをしてこなかった、いや創る必要がなかった。それがこれまでの日本の観光政策であった。

今や政府はインバウンドを国の基幹産業にしようとしているわけだが、そこでもやはり、日本の売りのポイントは歴史や自然であり、ナイトタイムエコノミーに頼るべきではないといった論調があるという。

確かに、歴史や自然が日本の最大の魅力であることには疑いの余地がない。これには誰もが同意するだろう。だが、こうした観光資源には致命的な弱点がある、それは儲からないことだ。多くの博物館や美術館などはむしろ税金を使って、赤字前提で文化を提供している。要するに、そもそも儲からない、いや儲けられないようにできているのだ。しかも、先述の通り、これらは夜にはまったく機能しない。

だからといってナイトタイムエコノミーは、これら伝統的な昼の観光資源の魅力を損なうようなものであってはならない。昼とはバッティングしない要素で、夜に儲けられる資源をつくらなくてはいけない。これまで手つかずだった「夜の経済を活用して地域の観光資源を補完する」という捉え方が重要だ。昼はとにかく歴史と自然や景観を楽しんでいただき、夜にしっかりとお金を落としてもらいましょう、ということだ。

ナイトタイムエコノミーでいえば、数年前から全国各地で夜のイルミネーションやライトアップが人気になっている。最近私が訪れたとある東北のまちでも、著名なお城のライトアップとプロジェクション・マッピングを始めたところ、すこぶる人気になっているらしい。だが、そのおかげで夜の繁華街からは人がいなくなってしまった。しかも、お城の夜景見物はタダ。これでは持続可能なインバウンドにはならない。

マリーナベイ・サンズの夜景と筆者

そして、この話題に私が触れた際、もしもライトアップやイルミネーションで観光客を呼ぶならば、「どこで見るか」を設計することが重要だと木曽氏は指摘した。もちろん、お金を取れる場所だ。例えば、シンガポールの有名なＩＲ（統合リゾート）マリーナベイ・サンズ地区も夜景が美しく、毎夜レーザービームと音楽の無料のショーが開かれているが、それを対岸にある高級レストランから眺められるように設計されている点が重要だ。これは当然、ＩＲ本体というよりは、街中からの見栄えを考慮してまちづくりがされているのだ。私自身も、シンガポールを訪れるたびに、ついついそうした場所でお金を使ってしまう。

石川県輪島市の千枚田を2万5000個のLED電球で彩る「あぜのきらめき」が、いわゆる「インスタ映え」するとしてSNSを中心に海外でも話題になっているそうである。それ自体は大変素晴らしい試みである。ただし、夜のまちに人を呼ぶだけでは、必ずしもまちへの消費につながらないことを肝に銘じておかなければならない。お金（税金等）を使って人を集めるのではなく、むしろ人を集めてお金を稼ぎ、税収を増やしていかなければならない。そのためには儲かる仕組みが不可欠となる。

英国のロンドンでは、一時期はビール、その他の酒の消費量が減ってしまったが、ナイトタイムエコノミーを戦略的に推進することで、市民・訪英観光客による消費量が戻ってきたと聞く。日本でも、夜のまちを訪れた人々が何かを消費するシチュエーションをもっと増やすことが重要だ。それは、地元の日本人にとってはもちろん、訪日客にとっては、楽しみが増えることであり、より一層ディープに日本を楽しんでもらうことにつながる。

★地元住民の理解と平安が大前提

だが現実的に見れば、ナイトタイムエコノミーの推進にはさまざまな課題がある。大都市圏にとって大きいのは公共交通機関だ。東京都の地下鉄ではかなり検討されたそうだが、今のところ、終日運行は不可能という結論（夜間の点検保守作業等の関係）に達しているという。と

渋谷で開催されているナイトウオーキングツアーの様子

なれば、バスの出番であるが、具体的な施策の実現には至っていない。

また言うまでもなく、風営法（風俗営業等の規制及び業務の適正化等に関する法律）の制約も大きな課題であるが、２０１５年の改正によって、飲食店が深夜に遊興行為を提供することができるようになった。これにより、ダンスクラブやライブハウス、バーラウンジなどの24時間営業が可能になった。政府が策定する「観光ビジョン実現プログラム２０１８」のアクションプランにも、ようやく「ナイトタイム等の促進」が追加され、国として本腰を入れ始めたことがうかがえる。

だが夜の経済の振興をしようとすると、必ず反対派が出てくる。「夜は寝るもの」

または「夜の活動は不健全だ」といった声だけでなく、騒音やゴミ、治安の問題もある。これに関しては、ロンドンやアムステルダムなど世界中の都市でも採用されている「ナイトメイヤー（夜の市長）」の導入が有効である。

昼の市長（選挙によって選ばれた公式の首長）が任命する夜の市長は、あくまで象徴的なポジションだが、夜の観光振興の旗振り役として市民の理解を得るためにＰＲ担当をする役割を担う。人々の不安を解消し、ナイトタイムエコノミーへの理解を深める。日本でも渋谷区では、「夜の観光大使」を任命し始めている。

ナイトタイムエコノミーによって、他の観光地や観光資源、また地元住民の生活の安全安心が脅かされることになったりしては断じてならない。ところが残念なことに、２０１８年10月末の渋谷のハロウィンでは、再三の事前の注意喚起にもかかわらず、複数の逮捕者が出て一部は暴徒化さえした。そうした不心得の人々には、シビック・プライドが明らかに欠如していた！それゆえ、今回のようにナイトタイムエコノミー振興によって、こちらを立てればあちらが立たず、というようなトレードオフを今後二度と起こさせないことが最重要となる。実際、毎年この渋谷のハロウィンイベントでは、渋谷区役所、わがドン・キホーテなど地域の商業者、そしてそこに参加する若者たちのＮＰＯ等が連携して、イベントを企画運営するだけではなく、事後にはゴミ拾いなどの清掃活動を行って、地域との共生を目指している。ナイトタイムエコノミーの推進には、地域連携・公民連携が不可欠であり、さらに参加者のシビック・プライド喚起のための施策が極めて重要となっている。

極意5

桁違いのプレミアム戦略を立てよ

先ほども述べたように、訪日外客数の順調な増加傾向とは対象的に、1人当たりの消費額が減少傾向にあることが、日本のインバウンド戦略の重要な課題としてあらわになっている。このことは、ただ「儲からないと困る」といった次元の話ではない。

政府がインバウンドを必死で推進しようとしているのは、単にインバウンドが儲かる産業だからではない。インバウンド以外に、これからの日本経済を支えていける基幹産業がもはやほかにないからである。確かにこれまでは、そして今なお製造業はわが国のＧＤＰを支え、多数の雇用者を生み出す日本の基幹産業である。しかし、これからは違う。今後は国内の人口減少・需要減少に伴い、主要製造拠点は、成長著しい海外消費地へと移転し、空洞化していくであろう。

２０１３年から２０１７年までの対外輸出額（インバウンドの場合は訪日外客の消費額）の推移を見ても、着実に増えていっているのはインバウンドだけである。２０１７年は４・４兆

図表3−2 対世界主要輸出品の輸出額推移

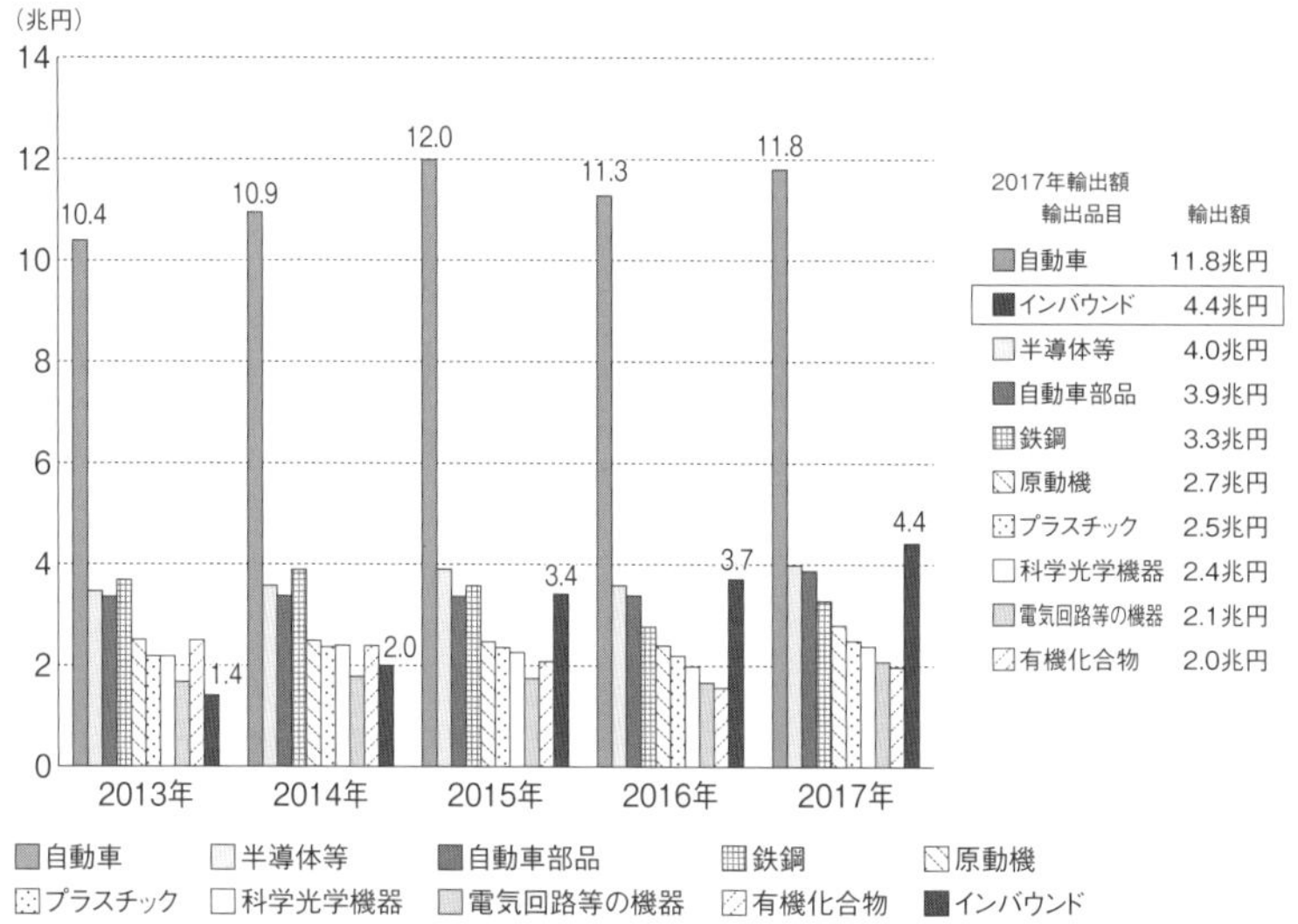

出典:財務省貿易統計対世界主要輸出品の推移(年ベース)
(インバウンドは観光庁訪日外国人消費動向調査から)

円となり、2013年の1・4兆円から3倍以上の増加となった。

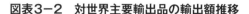

政府はこれを2020年には8兆円、2030年には15兆円とすることを目標に掲げているが、この15兆円という額は、長らく日本の最大の輸出品として経済を牽引してきた自動車産業（約12兆円）を上回ることになる。

つまり、インバウンドを日本最大の輸出産業にしよう、というのが政府の目指すところだ。それが、どこよりも急激に経済成長し、どこよりも早く人口減少社会へ突入した日本が、今後も「滅ばない国」として世界で生き残っていくための唯一の道だからだ。

その目標達成への途上にあって、訪日外客1人当たりの消費額が減っているというのは危機的状況だとすらいえる。人数さえ増やしておけば、総額は増えていくのだから問題ない、という甘い考えでは他国のライバルたちに出し抜かれることになる。

たとえ、どれほどアジアの新興国で今後も人口が増え、経済成長していくとはいえ、彼らの行き先は何も日本だけではない。またいつまでもそれら諸国の現役人口が増え続けるわけでもなく、また必ずリピートしてくれるとは限らない。それゆえ、一人ひとりの訪日外客の一度ごとの旅行を大切な商機として、しっかりと稼いでいくことが不可欠になる。

それゆえ、1人当たりの消費額を増やすには、前項のナイトタイム戦略も含めた「プレミアム戦略」が重要となる。プレミアムとは「付加価値」のことだ。単に、より高額の商品やサービスを揃えればいいわけではないし、従来のものをちょっと磨いて値札を付け替えるようなものでもない（そもそも、それでは「ぼったくり」である！）。

今、ここでしか体験できないことを新たに開発し、発信し、提供する。訪日外客のＦＩＴ化に伴い、大都市圏やゴールデンルートなどの主要周遊ルート以外のまちや観光地に訪日外客の関心が拡散しつつある。地域に従来なかったプレミアムな要素を付加することによって、新しい顧客層を自ら創造し、これまで地域に呼び込めていなかったラグジュアリー・マーケットの獲得に、今こそ乗り出すべき好機である。

★「安すぎる」という日本の課題

だがその前に、もともと日本は「安すぎる」という現実を認識する必要がある。例えば、国内のコンビニエンスストアでは１本１４０円前後で購入するペットボトルの水も、豪州のシドニーでは５豪ドル（約４１２円）もする。実は、シドニー往訪で私が一番驚いたのが、この水の値段だった。

言うまでもなく、これは著名な採水地の特別な水ではない。駅のキオスクの店頭で売られていた、ごく普通の地元産の水だ。それが、日本のほぼ3倍の値段で売られていた。あまりの高さに、最初は値札の数字を読み違えたのかと思ったほどだった。

最近アメリカに出張した知人も、現地ではペットボトルの水が４００円近くもしたとぼやいていた。水だけではない。国や地域にもよるが、豪州やアメリカだけでなく欧州の主要都市でも、中心部における物価は食事代も宿泊代も日本の約3倍となりつつある。

何がこの差を生み出したのかといえば、当然のことながら、日本の物価が急激に下がったわけではない。国内の物価がこの25年間ほとんど変わらないのに対して、欧米豪州の先進諸国では年々上昇していき、いつの間にか日本だけが取り残されてしまっているのだ。

国内が、デフレマインドから脱却できないまま、1円でも安く売らないと集客できないというドメスティックな頭で、グローバルな訪日市場に対応しているのが、今のインバウンドの現状なのである。言い換えると、不必要な値下げに必死になるあまり、大切な稼ぎと儲けを自ら手放してしまっている。

その一方で、今やインバウンド市場のトレンドは、モノ消費一辺倒からコト消費中心へと移行しつつある。ただ並べておけば、大量に買い物をしてもらえ、それによって大量のお金を落としてもらえた時代は、とうの昔に過ぎ去った。

元来、土産物文化が根付いている日本人としては、プレミアム戦略と聞くと、どうしても新しく高価な土産物をつくることを考えてしまうかもしれないが、訪日客の需要はもはやそれだけでは満たせない。今こそ、モノだけに限らず、コトのプレミアム化を図る必要に迫られている。

以下は、先日、香川県高松に出張した際の話だ。地元の友人に高松城跡公園に案内してもらい、そのお濠《ほり》で、遊覧の和船「玉藻丸《たまもまる》」に乗船する機会があった。通常、お城のお濠の水は、夏季には藻などが発生して濁っていたり、臭いがしたりする。ところが高松城のお濠には瀬戸内海の海水が引き込まれており、綺麗な海水の中ではたくさんの鯛が泳いでいる。当然、嫌な臭いも一切ない。

玉藻公園の玉藻丸

船頭さんがゆったり漕いでくれるこの和船は、その時間を堪能するだけでも十分に価値があるが、船上から餌をあげると、たくさんの鯛の群れがずっと船の周りについてくる。これが、すこぶる楽しい。また、水上から眺める石垣や櫓《やぐら》も圧巻だった。人生初の体験であり、30分のクルーズがあっという間に感じられるほど感動した。

この乗船ツアー費用はわずか500円。城跡公園への入園料200円と合わせても、1人700円しか使っていない。しかもその日、私たち一行以外の乗客は、数えるほどしかいなかった。これで果たして利益が出ているのだろうかと心配になる。

これに対して、人口5万人あまりの中心市街地に、世界中から年間2000万人を

史跡高松城跡・玉藻公園

超える外国人観光客が押し寄せるイタリアのベネチアではどうだろうか。ここの名物といえば、街中に巡らされた運河をクルーズするゴンドラだ。その乗船料は、公定料金で1人80ユーロ。日本円にすると約1万円だ。しかも、乗船時間は玉藻丸とほぼ同じ30〜40分。

さらに、ゴンドラクルーズとレストランでの食事や酒がセットのツアーも数多く設定され、高いコースでは1人200ユーロ（約2万6000円）を超える。文字通り桁違いの価格設定となっている。

また、もうひとつ大きな違いがある。それは運航時間だ。玉藻丸の運航は、観光シーズンである夏季でも夕方17時が最後であるのに対して、ベネチアではもちろん夜間も運航される。しかも夜間は割り増しとなり、公定価格で1人100ユーロ（約1万3000円）からとなる。

ナイトタイム戦略の項でも触れたように、日本では公共系の施設の多くで、旅行者は夜間になると締め出されてしまう。そこに大きな商機があることが見過ごされている。ナイトタイムエコノミーなど地方のわがまちにはないと思った人もいるだろうが、そんなことはない。地方の夜にもさまざまな商機が潜在的にあるのだ。

例えば、玉藻丸で城跡のライトアップされた夜桜や秋の紅葉を見ながら、美味しい日本酒や大名御膳を楽しむクルーズなどを企画すれば「ずいぶん高い値段設定ができそうだな」、また今は一般に開放していない披雲閣《ひうんかく》という御殿での宴席とセットの企画でなら「1人3万円は取れるだろうな」などと夢想してみたが、現状ではなかなか難しいようだ。関係者にはぜひチャレンジしていただきたい。

もうひとつの例を挙げよう。シドニー観光の目玉のひとつに、シドニー湾の南にあるシドニーのまちと、北側のまちをつなぐハーバーブリッジがある。全長は約1・5キロ、アーチの最上部の高さは134メートルで、オペラハウスと並ぶまちのシンボルである。2018年の春、私自身もこの橋を渡ってきた。

実は、このハーバーブリッジのアーチの頂上まで歩いて上るというアトラクションが、スリ

シドニーのハーバーブリッジにて

リングな体験をしたい観光客の人気を集めている。ツアーは、着替えや事前の説明などを含めて3・5時間ほどで、お値段は1人238豪ドル（約1万9500円）から。1時間半ほどで半分の高さまで上れるコースでも158豪ドル（約1万3000円）からとなっている。

一方、日本一高いビルとして2014年に開業した大阪の「あべのハルカス」にも、これと似たアトラクションがある。地上300メートルのビル最頂端部に設置された幅60センチ・長さ20メートルのデッキの上を、命綱を装着して歩く、というもので、「エッジ・ザ・ハルカス」と名付けられている。日本国内では初となるアトラクションらしく、怖いもの知らずの観光客ならぜひとも体験してみたいだろう。実に素晴らしい意欲的な企画である。

しかも、1回の定員はわずかに7名。まさにプレミアム感を存分に味わえるはずだが、その値段はなんと1人1000円。ここにはアトラクション参加料だけでなく、記念写真1枚とそのデータの代金までが含まれた、まさに大盤振る舞いとさえいえる値段設定だ。確かに、ハーバーブリッジに比べて体験時間が短いこともあるようだが、それでも1000円は安すぎるのではないだろうか。老婆心ながら、夜景を楽しめる時間帯だけでも高くする、その他の要素と組み合わせて付加価値をつけるといったことを考えてもいいのではないかと思う。実にもったいない。

日本の各地には、いいモノもいいコトも数多くあるのに、われわれはそれらを可能な限り安く提供して、よりたくさんの人に利用してもらうことにばかり集中しすぎてきたのではないだろうか。わが日本でも、とりわけインバウンドの領域においてだけでも、そろそろ量（訪日外客数）ばかりを追いかけるのではなく、質（消費額・客単価）を追求する段階にきているのではないかと強く思う。

そもそも、日本人はどうも「稼ぐ」ということ自体が苦手で仕方がないらしく、無料でライトアップやプロジェクション・マッピングするお城をはじめとして、タダで提供することこそが、おもてなしの心だと誤って捉えている向きも多い。

しかし、儲からなければ持続可能な事業として成り立たず、それでは雇用も税収も生まれず、地域を支える産業としても機能しない。インバウンドでしっかり儲けようとしないことは、言い換えると、滅ばない日本をつくる唯一の道を自ら閉ざしてしまうことを意味する。

人口減少に伴い、サービス産業に従事する人材不足も深刻化している。その現状にあって生産性を改善する鍵は、高い付加価値のついた高品質なモノとコトの提供にある（もちろん、付加価値のない値段設定は、ぼったくり以外の何物でもない）。

まずは思い切って、現状の価格設定にゼロを一つ足すくらいの、桁違いのプレミアムな商品・サービスの開発に挑戦してみてはどうだろうか。

極意6　ふるさと納税（GCF）を活用せよ

２００８年に創設されたふるさと納税は、「納税」という言葉が使われてはいるが、その本質においては「寄付」である。現在、住んでいる自治体に納税する代わりに、任意の他の自治体に寄付することで、居住地の住民税がその分控除されるという制度である。また、寄付したその自治体からは寄付へのお礼として、地域の特産品などをもらえるという仕組みが人気となり、世界に先駆けた新制度としても注目されている。

２０１７年の総額は３６５３億円を超え、前年比１・28倍で過去最高を記録した。最も多くの寄付を集めた大阪府泉佐野市の受入額は、実に１３５億３３００万円だった（ただし、同年度の返礼率が約4割と規定よりも高く設定され、また地場産品以外の返礼品も数多くあり、総務省からは違反自治体の代表例として名指しされている）。また、第1章でも言及した通り、この２０１８年は全国各地で災害が発生し、ふるさと納税を通して被災地域への寄付行為のチャンネルとしても大いに活用された。

とかく寄付文化が未成熟と言われてきた日本にあって、これだけの規模の寄付が行われるようになったこと自体は画期的であるが、その一方で批判の声も高まりつつある。それは、ふるさと納税を活用する人が住んでいる大都市から多額の住民税が〝流出〟していることだ。

ふるさと納税で寄付した人は、2000円の自己負担分を超える額が、所得税と住民税から控除される（上限は住民税の2割）。そのため、その人が住んでいる自治体では、本来入るはずだった住民税の一部を流失することになる。この点は制度発足の当初から懸念されていたことであり、そのため、ふるさと納税によって失われる各自治体の住民税のうち75％（4分の3）は、地方交付税の交付金増額という形で、国から補てんされるようになっている。

ただし、それは地方交付税交付金を受けている自治体に限られており、東京23区や川崎市などはそもそも交付税をもらっていないため、補てんもない。そして、そうした自治体こそ、多くの高額納税者を抱えており、同時に、彼らがふるさと納税を積極的に活用している人たちでもある。そのため、これらの自治体では住民税収入が大幅に減っているのだ。東京・世田谷区では2017年度には40億円超が〝消滅〟したとされている。

元来は税収が豊富で、それゆえ地方交付税に頼る必要がないとされてきた自治体ではあるが、この状況が拡大するようでは、財政に深刻な影響が出ることだろう。

ふるさと納税が創設された背景には、大都会への一極集中という日本の構造的な問題がある。

というのも、これはこのふるさと納税の発案者である、菅義偉《すがよしひで》官房長官ご本人から直接伺ったことだが、地方自治体が1人の子どもを0歳から18歳まで育てるには、約1500万円ものお金がかかっているという。これには、母子健康手帳の発給から予防接種、幼稚園・保育園、小学校・中学校の学校建設から給食センター……など、あらゆる行政サービスが含まれる。ところが、そうやって自治体が子どもたちにかけた多額のお金は、1円も返ってはこない。なぜなら、彼ら彼女らが18歳で田舎から大都会に出て行って、そこで就職して納税者になっても地元に納税という形で還元してはくれないからである。そこで、ふるさとの自治体が負担してくれた自分たちへの投資を都会の納税者が返すことを可能にするために始まったのが、このふるさと納税制度なのだ。

つまり、本来の趣旨からすれば「生まれ育ったふるさとに恩返しする制度」であり、また同時に「自分の意思で応援したい自治体を選ぶことができる制度」でもあった（なぜなら、もともと都会で生まれた人々にはふるさとはないし、転勤族の親を持つ子どもたちにはふるさとがたくさんあるからだ）。

2008年に創設された当初は制度そのものがほとんど知られておらず、年間の寄付総額は81億円にすぎなかった（2008年度）。それとほぼ変わらない状態が2013年度（145億円）まで続き、2015年度、一気に1652億円にまで急拡大した。その背景には、一部の自治体がこの制度に目を付けて、寄付額の7割に当たる品を用意するといった過剰な返礼品競争へと発展したことがある。全国自治体のふるさと納税を扱うサイトは、さながら「官製の通販サイト」の様相を呈していた。

あまりの過熱ぶりと本来の趣旨から大きく逸脱した運用がなされていたことを受けて、返礼品の上限が5割になり、現在は3割にまで縮小されているが、いまだに総務省の指導に従わない自治体もある。そこで総務省は、先述の泉佐野市をはじめとする、返礼率が3割を超える返礼品と地場産品以外の返礼品の両方を扱っているものの見直す意向がなく、かつ2017年度の受入額が10億円以上の自治体を、「ブラックリスト」として実名公表し、また2019年度からは、違反自治体は制度から除外し、寄付しても税の優遇措置を受けられなくなる仕組みを法制化することとなった。

まさに行きすぎた狂想曲ともいえる状況にあるが、そうした中にあって、地方創生の起爆剤として、そもそもの原点に立ち戻ろうという動きが出始めている。その取り組みのひとつが、いわゆるクラウドファンディング型のふるさと納税だ。政府の税の控除制度を活用した、クラウド（＝群衆すなわちたくさんの人々による）、ファンディング（＝資金調達）ということで、「GCF（Government Crowd Funding）」とも呼ばれる（なお、タックス〔Ｔａｘ〕を活用したCFということで、Gの代わりにTを冠してTCFと呼ぶ専門家もいる）。

クラウドファンディングとは、価値あるプロジェクトを起こしたい、まったく新しいモノやサービスを生み出して人々に提供したい、といったアイデアを持った起案者が、専用のインターネットサイトを通じて人々に呼びかけ、そのプロジェクトや商品などに共感した人から資金を集める、という現代版の資金調達法だ。

ごく一部のお金持ちだけに支援してもらうのではなく、数多くの一般の支援者から少額ずつ集めることができるため、これまで難しかった起業プロジェクトや商品開発などの実現を可能にしている。そして支援者は、出資額に応じて、リワード（reward）＝報酬として、その商品やサービスそのもの、あるいは配当や利子という形でリターンを受けられる（リターンのない寄付型もある）。

これに近い形で、ふるさと納税を本来あるべき形に導いていこうとしているのがGCFであり、ふるさと納税を活用した地方の資金調達の仕組みといえる。ここで誤解してほしくないことは、このGCF型が、従来の返礼品中心型と違い、純粋な寄付型であり、ほとんど返礼品など用意しなくてもいいということではない。先ほど述べた通り、一般のクラウドファンディングにおいても、リワードが用意されるケースが多いのだ。GCFにおいても、当然そうしたリワード（そして、可能な限り魅力的なモノ）は必要となる。ただし、従来型のふるさと納税が、まず宮崎牛やタラバガニなどのモノの選択から始まるのに対し、GCF型では、その寄付によって納税されるお金の使い道（プロジェクト）の選択が何よりも先であり、リワードは後になるという点である。つまり順番が逆であり、この順番が逆転している点にこそ、ＧＣＦ型の重要な特徴と独自の価値がある。

また、２０１８年はＧＣＦ元年と言われているが、このＧＣＦの取り組みをインバウンドにこそ適用すべきだ、というのが私の提案である。なぜなら、今や東京をはじめとする大都市圏の絶対的な人口も減っていく状況にあって、単に都市に流出した富を田舎に還元させるだけでは、持続可能な地域社会はつくれないからだ。流出した納税力・担税力を地方に還流し、それによってインバウンド振興を実施していけば、人口は都会に流出したとしても国際交流人口は増える。交流人口とは、そのまちに住む「定住人口」の対の概念として、まちを訪れて交流する人口を指す。国際交流人口とは、まさに訪日外客に他ならない。そもそも日本全体の絶対的な人口は減り、今後国内の交流人口が増えることも難しいのであるから、海外からの国際交流人口の地域への呼び込み促進にこそＧＣＦを活用して注力すべきなのだと思う。

現状では、ふるさと納税で成功している多くの自治体で、それによる増収分を単に住民の過剰な福利厚生（ばらまき）に活用している事例がほとんどであるが、それだけでは人口減少の歯止めにはならない。国際交流人口を地域に呼び込み、外需を域内に取り込み、雇用を生み、若者の流失を抑止し、Ｕターンを促進し、安心して結婚し、子育てできるまちを創造し、年少人口の減らない、すなわち滅ばない地域にしていくことこそ、ふるさと納税の最も効果的な活用方法ではないだろうか。

もうひとつ、重要な指摘をしておきたい。今、日本には約250万人の在日外国人がいる。留学や就労のために日本で暮らしている彼らもまた、広義のインバウンドにおいては「訪日客」だ。しかしながら諸外国と違って、彼らには地方自治レベルでの参政権も被参政権もない。だが、納税義務だけは負っている。いわば、ふるさと納税というのは、在日外国人が納税者としてもつ唯一の権利でもある。

にもかかわらず、これだけ多くの日本人に活用されるようになってなお、在日外国人たちにはほとんど、ふるさと納税制度のメリットは知られてこなかった。なぜなら、残念なことに、総務省のホームページには英語の表記がないからだ。この税制メリットは知っているものの、下手にふるさと納税をしたら、自分の在留資格に傷がつくのではないか、もしかすると入国管理局に目を付けられるのではないか、というあらぬ心配から権利を行使していない外国籍の人も少なくない。これでは法の下の平等に反すると言わざるを得ない（すでに総務省当局には、この点について改善提案を申し入れている）。私は、世界的にも珍しい先進的な取り組みである、このふるさと納税制度を在日の外国人納税者に広く認知してもらい、行使してもらうことは、日本のブランド価値を高め、国益にも大いに資するものと確信している。

自治体にとっても、地元の返礼品の事業者や生産者にもメリットはある。例えば、地元の物産をいきなり世界に輸出しようとしても、さまざまなニーズのミスマッチで、すぐにはうまくいかないことが多い。ふるさと納税の返礼品を通じて、いわば顧客である外国人である納税者とのコミュニケーションによって、パッケージデザインや、食品であれば味付けや容量などの要望を収集して、商品開発などのマーケティングデータとして活用することが可能となる。

ＧＣＦはまだ始まったばかりの取り組みではあるが、このようにさまざまな可能性を秘めている。だからこそ、再び短絡的な取り組みに終始してしまうことなく、ルールを順守しながら、地域のインバウンド振興に活用することをぜひとも考えていただきたいと思う。

なお、残念ながら、始まったばかりの、このＧＣＦ型のふるさと納税制度をインバウンド振興に活用している事例はまだ少ない。そうした状況の中で、岡山県真庭《まにわ》市の事例は極めて先進的であり、多くの自治体で参考になると思う。同市では、ＧＣＦをインバウンド向けの農泊拠点（シェアハウス・ゲストハウス）づくりに活用している。岡山県真庭市は、東京23区より広い面積に約４万６０００人が住んでいる岡山県北部のまちである。同市は太田昇市長をはじめ、行政と民間の人々が公民連携して、木質チップを使ったバイオマス発電所を稼働させ、地域で必要な電力の多くを自給している。また藻谷浩介氏他著の『里山資本主義――日本経済は「安心の原理」で動く』でも取り上げられたほど、全国的にもユニークな自然との共生を目指して

インターナショナル・シェアハウス「テ（照）ラス」のスタッフの皆さんと筆者（筆者の、向かって右側が姜侖秀さん）

先進的な取り組みを続けているまちである。

先日、私は2泊3日の強行軍で、広大な同市の各地域を巡り、市長をはじめ官民の皆さんと交流し、GCFを活用した農泊の拠点「インターナショナル・シェアハウス『テ（照）ラス』」も実際に視察してきた。

このシェアハウスは、韓国のソウル出身の姜侖秀《カン・ユンス》さんが提案し、以前真庭市の地域おこし協力隊時代に、GCF型のふるさと納税を活用して実現した施設である。前述した通り、GCF型においても、当然魅力的なリワード（返礼品）は不可欠である。

姜さんは、地元で漬物等の加工食品を作っているお母さんグループに協力してもらい、キムチの本場である韓国全羅南道のキムチ名人を招いて、本格的なキムチを開発してそのリワードを用意したという（真庭特産の規格外としてはねられた梨をキムチに入れることによって美味しい、そして独自の製品化にも成功）。価値あるプロジェクトの訴求に加え、賛同者に魅力的な地元産のキムチが返礼品として用意できたことで、目標額の３００万円を満額集めて、市役所のバックアップのもと、姜さんは空き家を購入し、リフォーム代金を調達し、無事シェアハウスを開業。有期の地域おこし協力隊の任期明けにも、引き続き地元に残ることもできたのだった（現実には、任期明けに地元で生業につけず都会に戻る隊員も多い）。

私が訪問したときも、米国出身などの外国人スタッフらとともに姜さんは忙しく働いていた。そして、「テ（照）ラス」は、アーティストなどの外国人が長期滞在するシェアハウスとしてだけでなく、地域の子育てママさんたちや、前述のお母さんグループたちなどの地域コミュニティの人々とインバウンドの滞在者の人々との国際交流の場となっていた。ＧＣＦ型のふるさと納税が、地域に新しい国際交流人口を生み出していたのだ。

極意7

田園にこそ勝機あり——地方でこそ農泊・民泊を推進せよ

わが国の延べ宿泊者総数約4億9820万人のうち、外国人宿泊者は12・4％増の7800万人泊（2017年観光庁「宿泊旅行統計調査（速報値）」）。図表3−3のグラフを見れば一目瞭然ながら、国内の延べ宿泊数は減少し続け、インバウンドの伸びがかろうじて全体の需要の減少を食い止めている図式となっている。

また外国人の宿泊地は、三大都市圏が＋10・2％の伸びなのに対し、地方が＋15・8％と地方部が都市圏を上回っている。トレンドは大都市部から地方部に拡散しつつあるのだ。さらに政府は2020年までに、地方部での外国人延べ宿泊者数だけで、延べ7000万人泊にもっていくことを掲げている。そして同目標の達成のために、今、新たなインバウンド政策として強力に推進されているのが「農泊」である。

「農泊」は実は農林水産省が有する商標で、意味するところは「農山漁村において日本ならではの伝統的な生活体験と農村地域の人々との交流を楽しみ、農家民宿、古民家を活用した宿泊

図表3−3　延べ宿泊者数の推移

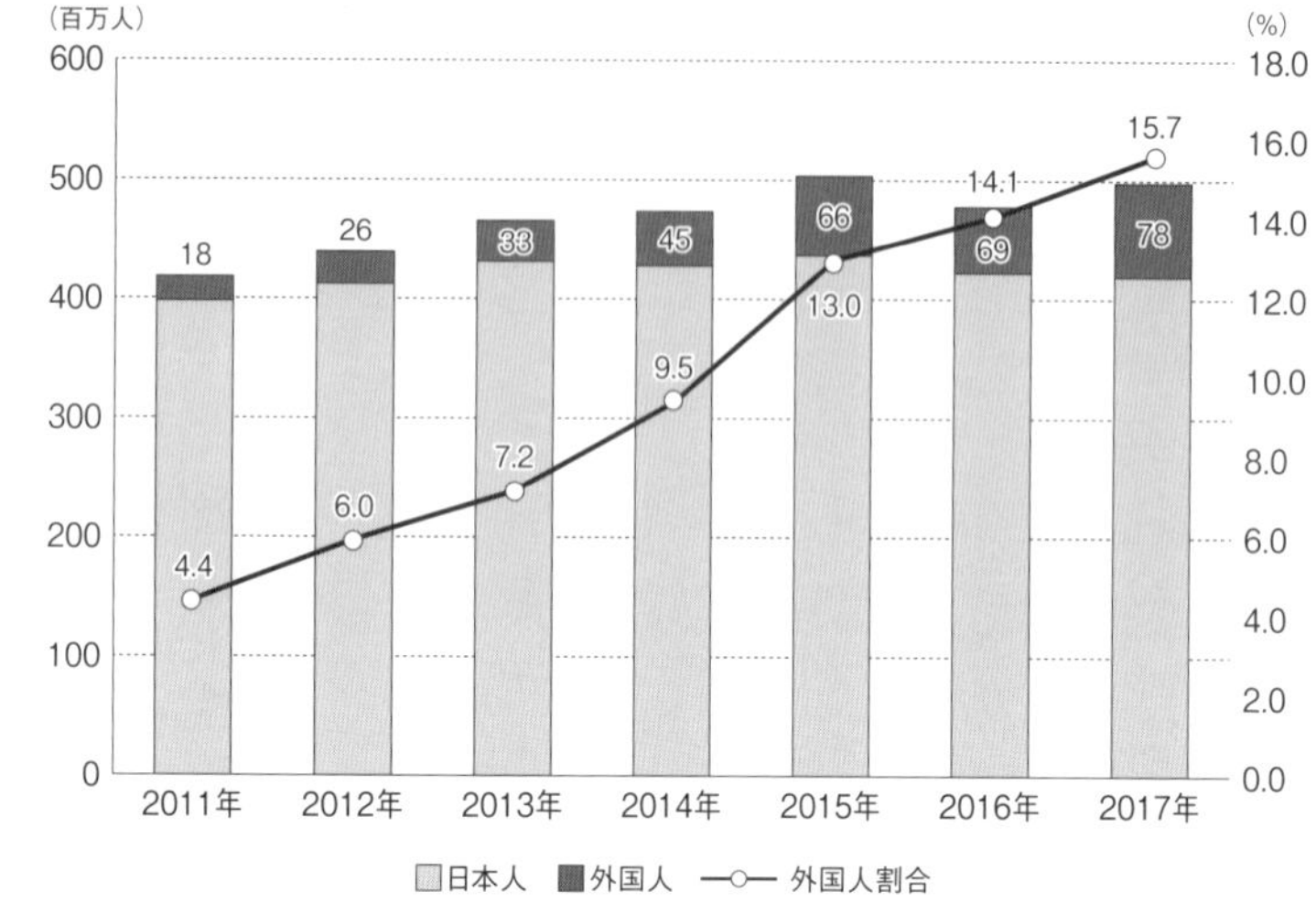

出典:観光庁「宿泊旅行統計調査」(2017年版)

施設など、多様な宿泊手段により旅行者にその土地の魅力を味わってもらう農山漁村滞在型旅行」となる。

読者の皆さんの中で農家民宿に泊まることや農家を民泊として利用することを「農泊」だと勘違いしている人がいるかもしれないが、この定義に則るならば、そうではない。農山漁村に滞在して、そこでの生活を体験してもらい、人々と触れ合ってもらう。簡単に言うと「田舎に泊まろう」ということであり、グリーンツーリズムやカントリーサイド・ステイという名で表現される旅の形態とも共通する部分が多い。

当然、生産農家に泊まることも可能だが、地域で放置されている空き家や

図表3−4　都道府県別延べ宿泊者数の推移

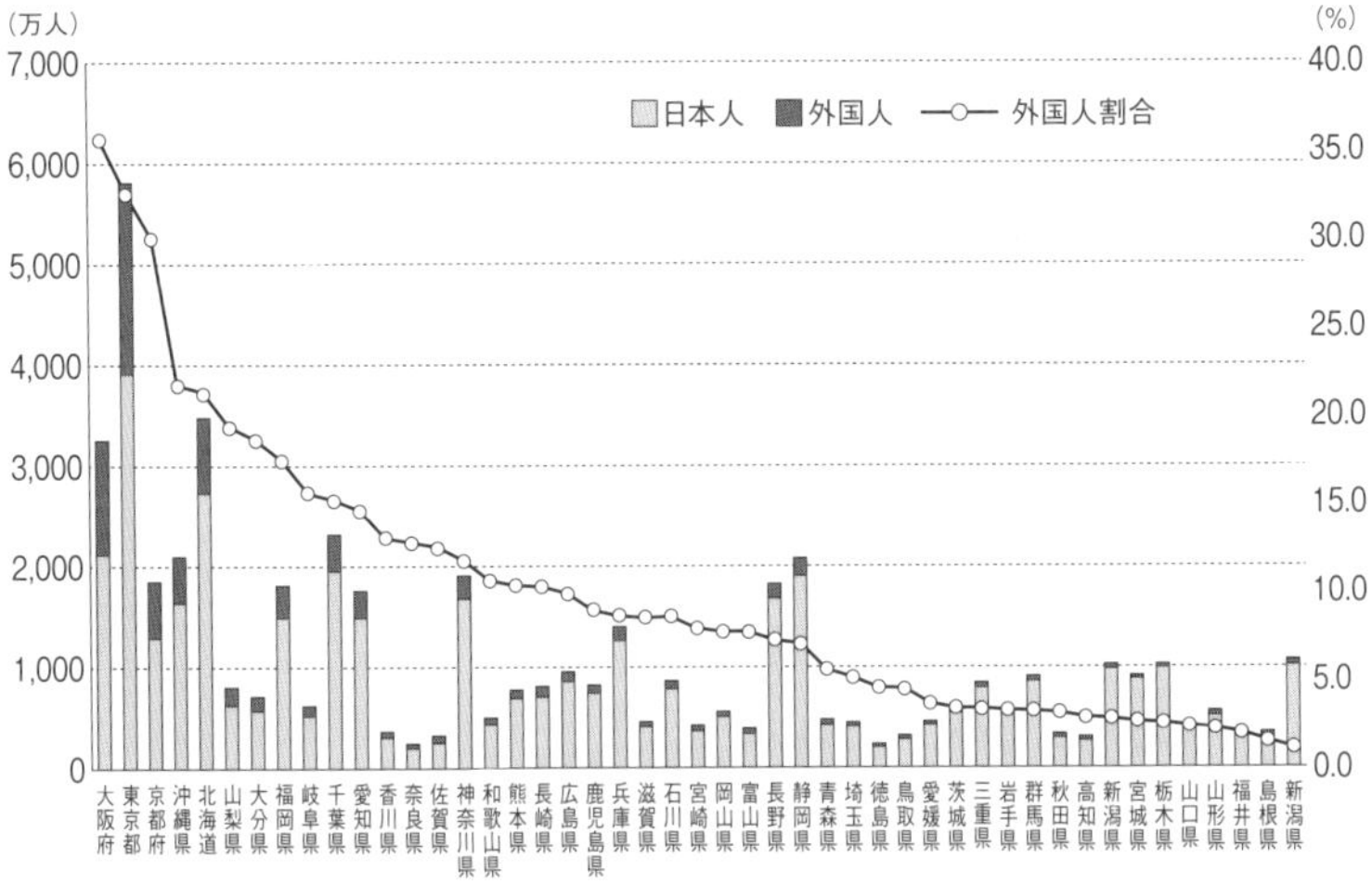

出典:観光庁「宿泊旅行統計調査」(2017年版)

廃校などを利用することで、地域の活性化を図り、同時に、日本の伝統的な生活習慣を体験したいというインバウンド需要にも応えていくことができる。

この農泊という考え方は、１９７０年代に欧州各地で誕生した。農業のビッグバンと呼ばれるグローバル化が加速し、欧州各国の農業は、アメリカの大規模農業に対抗することとなった。そこで麦の作付けやワイン用ぶどう栽培などで大規模な減反政策がとられた結果、農家の収入は減少。そこで、新たな収入源として、農家民宿への取り組みが始まったのだという。

中でも先駆的な事例がイギリスの英国農家民宿協会で、現地の農家に実際に宿泊した体験を通してグリーンツーリズムに開眼し、国内でも積極的に取り組んでいるのが、親しいわが友人でもある東洋大学の青木辰司《あおきしんじ》名誉教授である。青木教授によれば、同協会に所属する農家民宿は、ほとんどが三ツ星か四ツ星で、首都ロンドンのホテルにひけを取らないほどのクオリティだという。

それを可能にしているのが、徹底した品質保証制度である。協会から委託を受けた評価機関が、それぞれの農家民宿に覆面評価員（ミステリー・ショッパー）を派遣し、例えば、枕の中綿がオーガニック素材かどうかまでチェックしているとのこと。事前通知はしないため、そこで評価（星）を落とすことになれば、それ以降の収入に大打撃となる。もちろん、単にチェックが厳しいというだけでは高品質は維持できない。細かい家具のシミまで指摘する代わりに、具体的な改善策も一緒に提案し、その実行を親身に指導する。それこそが、真の品質保証の秘訣なのである。

今後は日本においても、こうした評価プラス支援という仕組みを構築することが重要になってくると青木教授は指摘している。農家の人たちにとって、都会からやって来る人々のニーズや、まして海外からの訪日旅行客のニーズを正確に汲み取ることは難しい。分かったとしても、どう解決すればいいかまではたどりつけないことも多い。

だからこそ、ただ評価だけを下すのではなく、専門的な知識とノウハウを持ち、農家などの宿泊事業者側とともに二人三脚で情熱を持って取り組んでいく人材を抱える中間支援組織が不可欠となる。それが、今の日本には決定的に不足している。

2018年6月には民泊新法が（住宅宿泊事業法）が施行されたが、ただ規制緩和するだけでなく、同時に品質保証を図らなくては不十分である。もちろん、Ａｉｒｂｎｂ（エアビーアンドビー）社などのプラットフォーム提供事業者は、宿主と借り手が相互に相手を評価し合う仕組みを提供しているが、第三者からの評価とアドバイスによる品質改善がないと、「もう二度とあんなところには行かない」で終わってしまいかねない。

急速にＦＩＴ化が進むインバウンドの現状と農泊は、非常に親和性が高い。旅行者が家族連れや友人同士など少人数であることが、農家の受け入れハードルを低くするからだ。また、はるばる農村地域にまでやって来て、たった1泊だけで慌ただしく帰ってしまう人は少ない。農泊の定義である「滞在型」とは、ひとつの宿に連泊するという意味に限らず、地域の中のさまざまな宿を巡って複数日滞在することも含む。それによって多様な地域の魅力を知ってもらい、地域の人々と深く交流し、楽しんでもらうことも可能となる。

特に、もともと欧米豪州からの訪日客は長期滞在型がメインであり、また彼らの日本文化への関心の高さ、および自国での農家民宿文化の定着ぶりを考えれば、農泊への需要は今後大きくなると考えられる。

また、そうした海外の人々の動向を見て、日本人も長期滞在をするようになれば、インバウンドが内需の創出につながることになる。これまで日本の観光業界では成しえなかったことが、訪日客によって達成される可能性を秘めているのだ。

日本の農村は、もはや農業だけに頼っていては生き残れない。農業の6次産業化を進めたとしても、高齢化による後継者不足など諸問題を鑑みれば、まったくと言っていいほど足りていない。そこで農泊を推進することは、農村が生き残るための活路であり、同時に、これまでのインバウンド戦略では注目もされなかった観光資源の発掘だといえる。しかも、モノ消費からコト消費へとシフトしている現状とも、プレミアム戦略が求められている状況とも、見事に合致する。

さらに言えば、世界の人々にわがまちの魅力を発信し、貴重な時間や体験を提供していくには、まず自分たちのまちをよく知る必要がある。それはまさに、シビック・プライド形成の第一歩ともなる。

★民泊は既存事業者の敵ではない

このように大きな可能性を秘めている農泊だが、課題も山積している。これまで見てきたような担い手の力量と施設の質の問題に加えて、何よりも緊密な地域連携と官民連携、そして地元の本気さが必須となる。これは農泊に限らず、すべての民泊について言えることだが、特に、地元のコミュニティとの対話、既存の宿泊事業者との共生は喫緊の課題である。本来民泊は、2020年のレガシー（遺産）とすべきものとして、政府も推進してきたわけだが、一方で、ホテルや旅館などの事業者からは「黒船来航」のように捉えられている。つまり、自分たちに対抗する勢力として民泊を見ているのだ。

当然のことながら、違法民泊やグレーゾーン民泊の取り締まりを強化すべきであることは論をまたない。既存の旅館業法や建築基準法などさまざまな法令を遵守して、多大な投資をしてきた人々にとっては、そうした投資を一切免れて違法な民泊を続けているプレーヤーは断じて許せないだろう。

ワンルームマンション等の遊休不動産の単なる利活用として非合法な民泊に乗り出し、騒音やゴミの不法投棄の問題など、純然たる住宅地における住民環境への多大な負荷をかけるなど、いろいろと社会的な外部不経済を生み出しているのも事実だ。それらが新法によって規制されることには、当然のことながら大賛成である。

他方、過剰に民泊を批判して一方的に封じ込めようとするのは、そもそも国益にそぐわない。確かに、米サンフランシスコやスペインのバルセロナといった特定の都市においては、民泊人気が過剰な不動産価格の上昇を生み出している。地域住民に貸すよりも旅行者に民泊として貸したほうが利回りもいいため、住みたくても住めない人が続出している。これでは、本末転倒である。民泊が地域住民の敵となってしまう。

そこで日本では、「住宅宿泊事業法」という法律の名称に象徴されている通り、何よりも住宅であることを前提に、年間１８０日を上限として貸し出してよい、という制度になった。にもかかわらず、既存の観光事業者の多くが、いまだに民泊に過剰に反対している。

そもそも民泊を推進すべき地区というのは需要、すなわち宿泊希望者数に対してホテルや旅館の絶対数が足りない地域だ。つまり、大都市というよりもむしろ地方に必要とされているものであり、しかも地方都市ではなく農林水産業の盛んな地域、従来は観光地でなかったところに民泊や農泊が求められている。

そうであるならば、既存のホテルや旅館と地域とが連携して、一体となって民泊・農泊を推進していくことこそ、持続可能なインバウンドになる。敵対する関係ではなく補完し合う関係として、共に支え合って地域を盛り上げていくことに意識を向けるべきである。

田舎に泊まる外国人旅行者と聞くと、多くの人々はそのイメージとしてすぐにバックパッカーのような姿だけを想起するかもしれないが、先述の通り、日本と違ってアジアや欧米の人たちは大家族で旅行することが多い。時には複数の親戚・家族が一緒に行動するが、日本のホテルや旅館の客室では、はっきり言って彼らには狭すぎる。コネクティンググルームの設定されてい

伊勢本街道にある民家での節句文化体験の様子

るホテルも少ない。ツインルームなら何部屋も借りなければならず、経済的負担も極端に大きくなる。

そこで、空き家をリノベーションした一棟貸しの宿であれば、家族で泊まれるだけでなく、日本家屋での生活スタイルも体験してもらえる。それをホテルなど事業者だけでやるのではなく、地域全体でおもてなしをすることが重要だ。フロント業務や朝食はホテルが提供するが、夕食は、地域のレストランの中から選んでもらう。そして、昼間の体験プログラムなどは地域で連携するのも可能だ。そうすることで地域全体に需要が生まれる。

既存の宿泊事業者においては、民泊・農泊を自分たちのシェアを奪う敵として捉え

三重県美杉町における林業体験の様子

るのではなく、むしろ宿泊事業のプロとして、民泊新法を好機として、さまざまな宿泊回りのソリューションを提供する機会が増える好機だと捉え直していくべきだと思う。実際、すでに先進的な取り組みをしている事例も生まれつつある。

それは、三重県の美杉町の事例である。美杉町は公共交通アクセスに恵まれず、町の面積のおよそ9割が山林ということもあり、過疎が深刻化している。かつて9000人あった人口は、2018年には、約4400人まで半減しているという。そんな背景もあり、同町の美杉リゾート代表の中川雄貴さんはそうした人口減少に立ち向かうべく、先代の中川廣一氏とともに長く訪日旅行者誘致に熱心に取り組んできた。

私も、以前から中川さん父子とは、仲間として海外の旅行博覧会等でご一緒する機会も多く親しく交流してきた。

そんな中川さんたちは、驚くべきことに自らがプロの宿泊事業者（観光ホテル業）であるにもかかわらず、地元の20名ほどの仲間と「Ｉｎａｋａ Ｔｏｕｒｉｓｍ（いなかツーリズム）推進協議会」を起《た》ち上げ、町内の空き家などを生かして、農泊・民泊を地域連携ですでに始めている。２０１８年度中には約４施設を開業し、将来的には施設を10まで増やすという。町内唯一のホテル事業者が、なんと本来ライバルであるはずの民泊・農泊のプレーヤーたちとタッグを組んだのだ。そこにあるのは健全な危機感の共有である。

とりわけ地方部では、この美杉町の事例のように、柔軟な発想で取り組むことによって、民泊・農泊を共同で推進していくことも十分に可能だということがすでに実証されている。民泊・農泊の担い手と既存の宿泊事業者は決してライバルではない、味方でありパートナーとなりうるのだ。そして、そこには大きな商機がある。

極意8

ダイバーシティとインクルージョンを実現せよ

日本は元来、同調圧力の強い国で、差違を許さない傾向がある。それゆえ、世界の中で特に後れを取っているのがダイバーシティ（価値多様性）への対応である。

アメリカは、現トランプ政権になって不寛容な社会になりつつあると言われているが、そもそも同大統領の奥さんは東欧からの移民の子どもであるし、アマゾン創業者のジェフ・ベゾス氏は北欧系移民2世、グーグル創業者のセルゲイ・ブリン氏は自身が旧ソ連からの移民だ。また、よく知られているようにアップル創業者のスティーブ・ジョブズ氏の父親はシリア人移民であった。

このように、多様な文化的背景を持った人々が、世界を変えるような新しいイノベーションを生み出しているのがアメリカであるが、日本ではそうした価値の多様性にまだまだ多くの制約があるのが現状だ。今後インバウンド振興を進めていく上では、価値の多様性を許容するまちづくり・組織づくりは不可避の課題である。そして、在日外国人就労者や留学生など、日本

図表3−5 見る位置によって本数が変わる「お化け煙突」

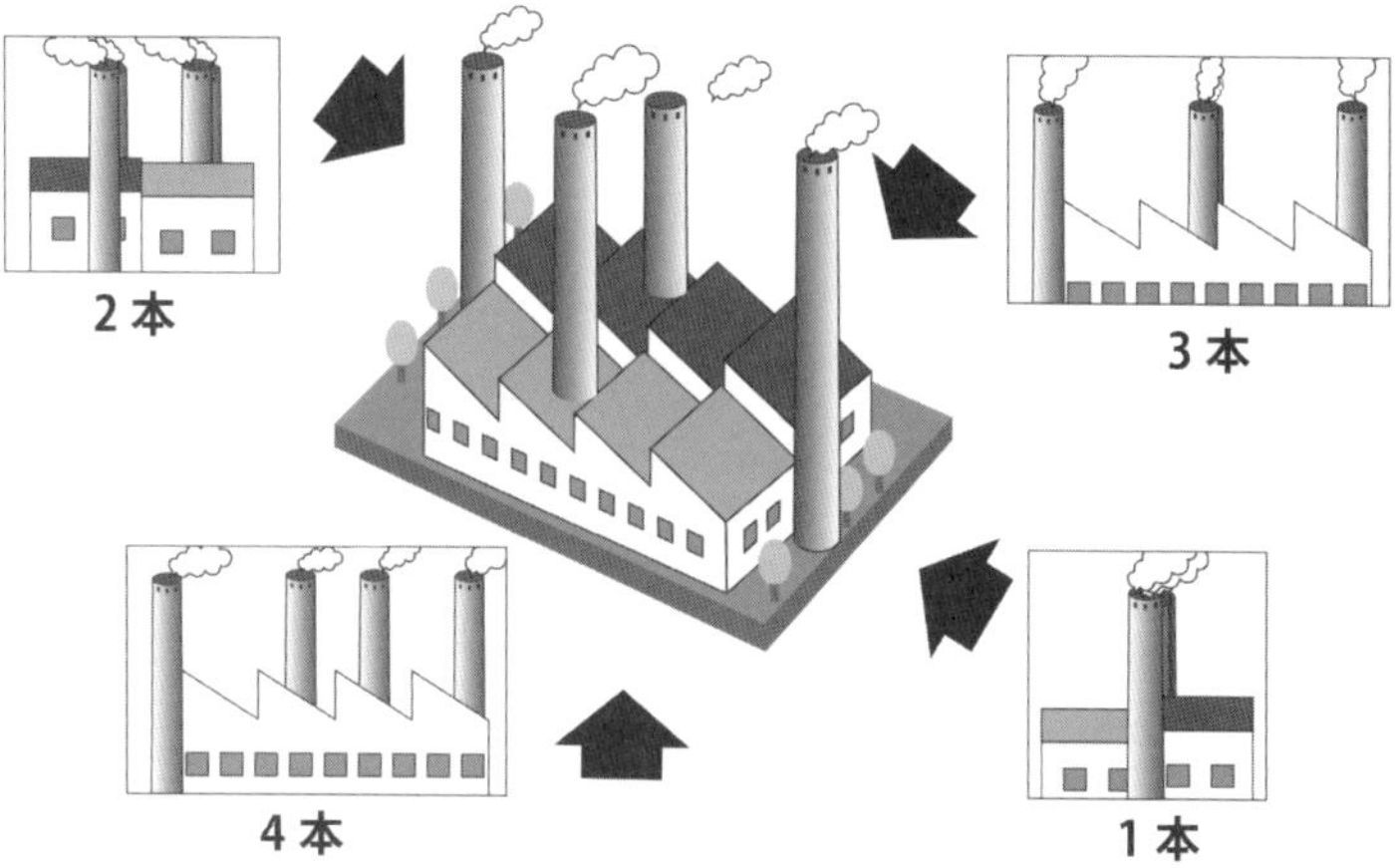

人以外の住民をまちづくりに参加してもらうという視点が大事になってくる。またインバウンド事業を成功に導くには、われわれとは異質な視点を備えている外国籍のスタッフとの協働は不可欠となる。いわば、「視点」のダイバーシティである。

これは、「お化け煙突」に似ている。かつて東京の下町にあった4本の煙突は、ある地区から見ると4本並んでいるが、別のある地区から見れば3本に、また別の地区からは2本に、さらに別の角度からは1本に見えたという。要するに、視点を変えることで見えるものはまったく違ってくる可能性がある、ということだ。

日本社会にとって当たり前の視点が、世界にとっては違うことも大いにある。どちらが良いとか悪いといった議論ではない。多様な価値観をすべて日本流に押し通すのではなく、まず多様性を受け入れ・認めることが前提となる。

これからの日本は、なじみ深い近隣の東アジアからの訪日外客（なんとこれらの国・地域だけで全体の74・2％を占める）に加え、もっとグローバルにＡＳＥＡＮ諸国はもちろん、欧米豪州、さらには中東アフリカなど、多様な文化と価値観を持つ人々の誘致やリピーター化戦略が不可欠となる。

そのために何が必要となるのかといえば、言うまでもなく、ユニバーサルツーリズムへの本格的な対応だろう。国籍（民族）・宗教・文化・価値観・ライフスタイルの多様性を受容するダイバーシティの精神に根差したおもてなしが欠かせない。ユニバーサルツーリズムの市場規模はとにかく巨大である。２０２０年には世界人口の4分の1を占めると予測されるムスリム（イスラム教徒）たちによる訪日ハラールツーリズムは莫大な市場となるだろう。また、世界のＬＧＢＴツーリズム市場も20年には２３００億ドル（約26兆円）になるとの予測もある。先にも述べたように、欧米豪には多数のベジタリアンがいる。

目先の利益にばかりフォーカスした対応では成果は期待できない。宗教・文化・価値観の違いや身体的障がいの有無にかかわらず、全訪日外客が、心から日本での旅と滞在を楽しむ環境とおもてなしをつくり出す必要がある。

しかし、残念ながら日本国内では、そもそも職場や教育現場、市民生活などで外国人との共生のあり方がダイバーシティに基づいていないケースが多い。日本人と外国人とが、あからさまに区別されているのだ。まずは、このような区別を取り払い、国籍に関係なく共に居心地よく暮らせ、働き、学べる場をつくっていかなければならない。

また、日本では外国人を雇用している会社や組織もあるが、その会社や組織の中核となる幹部社員は結局、日本人に限られ、外国人は海外との対応や通訳・翻訳、現場の外客接客要員という例が多い。日本は今なお鎖国中なのである。

一方で、そうした区別をすることなく、グローバルな人材を活用して先進的マネジメントを実現している企業も増えつつある。

卑近な例で恐縮だが、わがジャパン インバウンド ソリューションズ社（ＪＩＳ）もすでに全従業員の半数近くが外国籍となった。そしてさまざまなライフステージ（子育てその他）の老若のスタッフが在籍している。当社ではそもそも国籍・性別・年齢ではなく実力に応じて職位に登用している。当然、外国籍の管理職も増えてきた。そして、ダイバーシティの実現を目指すとともに、いまだその道のりは遠いが、目下さらにインクルージョンを生み出す組織へとバージョンアップを図っているところである。

ダイバーシティ（diversity）が共生・共存する段階を指すのに対して、インクルージョン

（inclusion）とは、単に多様な人材が存在している状態に加えて、互いに尊敬し合い、対等に関わり合いながら一体化して、ともに成長している状態、または新たな価値を創出している状態を指す。

つまりダイバーシティは、明示的ではないにせよ、暗黙的な区別が残る状態である。このダイバーシティの段階は、差異を許容し合うだけでなく、さらに互いが互いをリスペクトし合い、一人ひとりの自分らしい貢献が可能となるような機会の提供、イノベーションと相互成長を生むといった状態ではない。

他方、インクルージョンは「価値共創」、つまり「価値を共に創造する」段階だ。もちろんダイバーシティが実現された地域や企業でなければ、インクルージョンは生まれず、ダイバーシティを実現しているだけでは、新たなイノベーティブな価値創出はできない。

ダイバーシティを実現したら、そこからさらにインクルージョンを生み出す組織へと発展させていくことが、みらいに向けた価値創造では重要な視点といえる。2020年東京オリンピック・パラリンピック開催まですでに2年を切った。そろそろ本腰を入れて、日本全体でユニバーサルツーリズム対応と、ダイバーシティ・インクルージョンの実現に取り組まなければならない。

例えば、身体に障がいを持った方の対応においては、単にエレベーターを整備して、段差を解消するといったハード面のバリアフリーだけでなく、私たちホスト国民のソフト面、すなわち心のバリアフリーこそが最重要となる。ハード面とソフト面の両面のバリアフリー化が実現された、世界に開かれた日本社会にしなければ、そもそもパラリンピックの成功すらおぼつかない。

そして、繰り返しになるが、2020年はあくまでも通過点にすぎない。その後の持続可能な観光立国の実現のためにも、日本そのもののダイバーシティ化、インクルージョン段階への進化、そして真の開国が迫られているのだ。

では、その実現のための特効薬はあるのか。ずばり言おう。それは英語の第二公用語化だ。これこそが心のバリアフリーを実現し、ユニバーサルツーリズム対応、ダイバーシティに基づく世界に開かれた共生社会、そしてインクルージョン実現となる。

そんなことを言うと、多くの人が驚き、そして誤解をする。だが、英語を第一公用語としている国は世界に12しかないが、第二公用語まで含めると54カ国20億人にのぼる。つまり、世界の人口の4分の1が英語圏なのだ。

英語を公用語化しようという議論は1990年当たりにも巻き起こったことがあるが、そもそも公用語にするというのは、母語にすることとは違う。また、常用語とするのでもない。常用語は常に話す言葉であり、公用語とは文字通り、公式の使用のために定められた言語だ。これは母語ではないし、常用語でもない。

それなのに日本では、英語を公用語にするというと、英語の社内公用語化にいち早く取り組んだ楽天株式会社みたいになるのかと思って焦る人が多い。そして、これは偏見にすぎないが、英語の第二公用語化によって日本のアイデンティティが廃れるとか、伝統文化が失われるとか、いろいろな批判があるが、それらはそもそも、すべて公用語という概念の捉え方の勘違いに起因している。

第二公用語とは、例えば役所に提出する書類を英語で書いてもいいとか、英語でも裁判を受けられるといったことだ。企業内でいえば、例えば入社手続きを英語でできたり、採用試験に英語でエントリーできたりするということである。現状のように、唯一日本語だけしか認められていないところに、新たに選択肢が一つ増えるにすぎないのだ。日常生活で英語を使えという議論では、そもそもない。過度に身構える必要はない。

それでも、私はこの英語の第二公用語化だけでも、日本に相当の風穴が開くのではないかと考える。すべてに英語を使う必要や義務はなくとも、必然的に使う機会は必ず増える。それが、いつまで経っても英語をしゃべれない日本人を変えるきっかけにもなるのではないかと思う。それは当然のこととして、インバウンドの促進にもつながるだろう。

いきなり国家レベルでの実現は不可能だろうが、例えば、地方自治体レベルや国家戦略特区での導入には可能性があるはずだ。また、民間企業単独でもできる範囲で取り組んでいけばいい。そもそも、こうした根源的に大胆な改革を進めずして、ダイバーシティもインクルージョンも、そして真の観光立国も実現できないのではないだろうか。

極意9

みんな丸ごと「広義の関係人口」化せよ

これまで、人口区分は二つの概念にのみ分けて考えられてきた。それは「定住人口」と「交流人口」である。「定住人口」というのは、文字通り、その地域に住んでいる人のことを指し、一方の「交流人口」は、域外からそのまちを訪れる人のことをいう。そして、これからの日本では定住人口が減っていくから、交流人口を創出して穴埋めしよう、まさにこういう二分法の発想でインバウンドの促進も行われてきた。

これからは日本中で「定住人口」が減っていく（コップの水が足りなくなる）。それゆえ、「交流人口」を増やして穴埋めしないといけない（よそからその不足分の水をもらってくる）。つまり足し算の関係でしかない。また、その「交流人口」を増やすのは、行政の観光課や観光協会だけが担う仕事であり、民間であれば狭義の観光事業者だけが担う仕事でしかなかった。

私は、この二つの人口概念を、もっと相互作用を生み出しうる動的なモデルとして捉え直すべきだと考えている。近年、「定住人口」すなわち、単にそのまちに住民票があるだけの人々

図表3-6　豊かさマインドに基づく考え方

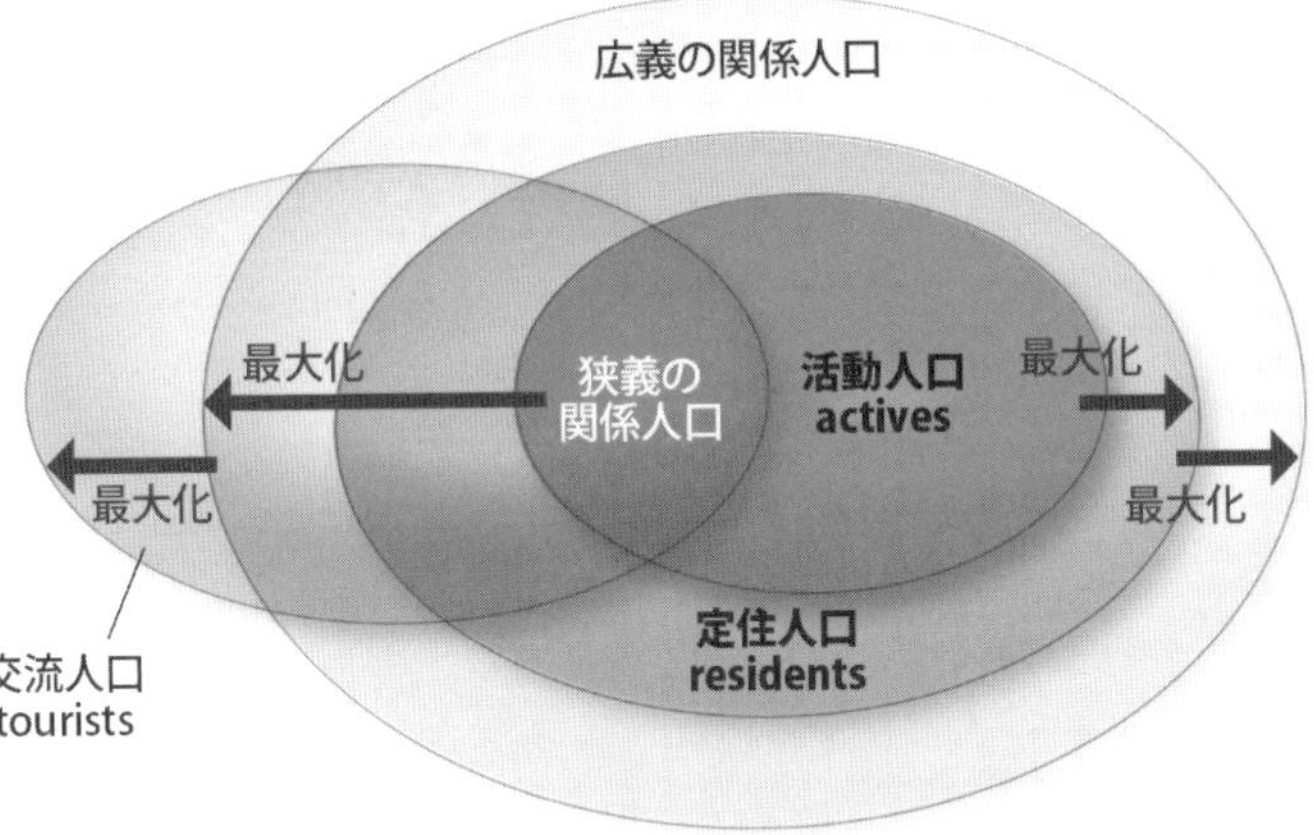

活動人口が関係人口（狭義）を生み出す。広義の関係人口とは、定住人口＋交流人口をいう

のうち、地域のみらいを共創するためにアクティブに地域活動に参加する人々を「活動人口」と呼んで区分する考え方がある。要するに、「花仕事」をしている人たちだ。ただベッドタウンとしてそのまちに住んでいるだけでなく、自らのまちをホームタウンとして自覚し、家の中から地域に出ていって、その地域の中で活動している人々ということになる。

一方、「交流人口」とは、域外からやって来る人々のことだが、最近そこにさらに新しい概念として「関係人口」というものが登場してきた。つまり、まちに一過的にやって来るだけでなく、訪問後もそのまちと何らかの持続的な関係を築こうとする人々。そのまちを気に入って定期的に訪れる旅人もそうであるし、18歳で故郷を離れて都会に出た子どもたちが巣立った後も地元と関係性を持ち続けている人々を総称して名付けられている。ただワンタイムで交流するだけでなく、持続的に深いつながりを有する「関係人口」を「交流人口」と区分して考えるのだ。なお、私はこの「関係人口」という概念を、単に「定住人口」の外に存在する人々としてだけではなく、地元の「定住人口」側とまちの外の「関係人口」の双方を包摂する「広義の関係人口」という考え方も提唱するべきだとも考えている。

いずれにせよ、従来の二つの人口区分に、これら「活動人口」と「関係人口」を加えて、これからは四つの人口をマトリックスで捉えて、まちづくりやインバウンド振興のための思考枠として活用していく必要があるのだと思う。住む、来るという2分割ではなく、さらに、まちを良くするために積極的に・持続的に働きかけよう・関わろうとしているか否かという視点を加えて人口を4区分して考えるのだ。ここでは、すべての定住人口を活動人口に、すべての交流人口を（狭義の）関係人口に変えていこうとする姿勢が重要になる。

そして、その際に重要になるのは、活動人口こそが関係人口を創出可能であるということだ。それゆえ、関係人口（まちに住んではいないが、積極的に関与しようという人々）だけを増やそうとしても無理である。まずは域内において活動人口（まちに住んで、まちづくりに積極的に関与する人々）を増やすことを通して、（狭義の）関係人口の拡大を図らなくてはならない。

現在の状況は、ただ住んでいるだけ、ただ来てもらうだけ、という二つの視点しかない。だが、交流という一過的のものでは意味がない。交流人口を（狭義の）関係人口に変えていくプロセスの中で、単に住んでいるだけだった人を巻き込んで活動人口に変えていくことこそ、交流人口を関係人口化していく上での原動力となる。

関係人口（狭義）とは、具体的にいえば、旅の後においても地域との交流を続けるといった関係性を保つ人のことをいう。ＦＩＴ（個人旅行）化しているインバウンド市場においては、国際交流人口の国際関係人口化は必須の課題といえるだろう。

先述の通り、そもそも団体旅行では、連れて行かれたホテルやレストランなど覚えていない。どんなまちに立ち寄ったかでさえ、覚えていないこともある。だが、ＦＩＴで来る人というのは、自分で調べて、選んで、足を運んでいるわけだ。そこで、単に住んでいるだけではない、シビック・プライドを持った活動人口に属する人たちとの触れ合いがあれば、ただの交流人口を、関係人口に変えていくことが可能となる。特にインバウンドの領域においては、国際関係人口を築くことになるわけだから、そのためには住んでいる人全員が活動人口化することが求められるだろう。そうすることで、その地域の観光立国を推進する基盤ができるに違いない。

さらに言えば、その関係人口の中から、まちに移住を希望する人々も出てくることだろう。それはそのまま定住人口の拡大に直結する。そして、そうやってまちに移り住むような人は、そのまま活動人口に属する人となるであろう。とりわけ国際関係人口が増えてインバウンドが隆盛していくと、新たに地域内に外貨が直接落ちて、経済のパイが大きくなって雇用が生まれ、定職に就く若者が増えて、地域で安心して結婚したり子どもが増えたりして、年少人口が回復し、みらいの生産年齢人口が増えていく。このようにして、滅ばない地域が出来上がっていくのだ。

そして、今まで述べた通り、そのまちに住むすべての定住人口が、活動人口となり、そのまちにやって来るすべての国際交流人口（訪日客）が、（狭義の）国際関係人口化していくプロセスの中では、やがてそもそものまちの「定住人口」とその狭義の「関係人口」の双方、すなわち、そのまちに住み、そのまちを訪れるすべての人々は、みんな丸ごと「広義の関係人口」という大概念の中に包摂されることとなるのである。

極意10

「ゆるスポ」と「eスポ」を活用せよ

スポーツの新しいトレンドとして、今、「ゆるスポ」や「eスポ」が注目を集めている。

スポーツというのは元来どちらかといえば禁欲的なもので、圧倒的少数の「する」人と、圧倒的多数の「見る」人に分かれてきた。だが、スポーツは同時に人と人との交流の場にもなり、大会やイベントの開催を通じた集客の機会にもなる。

そこで「する」の中に、高度かつ間口の狭いプロに近いものではなく、またアマチュア競技よりもさらにゆるいレベルでスポーツを楽しめるようにしたのが「ゆるスポ」だ。本来のルールに工夫を加えたり、遊びをルール化したりすることで、年齢や性別、運動神経にかかわらず、誰もが楽しめる新スポーツとして注目されている。

世界ゆるスポーツ協会とは、ゆるスポを創造するクリエイター集団だが、彼らが生み出した例を挙げると、ベビーバスケ、ハンドソープボール、ブラックホール卓球、スカッチュ、手錠バレー……などさまざまなゆるスポがある。

ちなみに「ブラックホール卓球」とは、中心部に穴（ブラックホール）が空いたラケットを使う卓球だ。経験豊富な人ほどラケットの中心にボールを当てるため、かえってボールが穴に吸い込まれて空振りする。綺麗にホールを通過した場合には、その美しさを称えるために、敵・味方に関係なく「ナイスホール！」と声を掛け合うのがルールだとか。

超高齢化社会の日本にとっては、年齢を重ねてからの健康維持という側面でも、ゆるスポへのニーズは高い。また、親子が一緒に楽しめるだけでなく、多様な身体的特徴を持つ人同士が対戦したり、チームを組んだりする意味においては、ダイバーシティの創生にもつながるだろう。さらに重要なこととしては、本来のスポーツが持つ真剣勝負は確かに魅力ではあるが、そこには必ず敗者の苦悩がつきまとう。一方、ゆるスポは、勝てばもちろん楽しいが、負けても楽しい。

そしてインバウンドの視点でいえば、このように高度なルールに則ったものではなく触れ合うことを目的としたスポーツであれば、特別な仕様の大きなスタジアムや体育館等の大会場を必要としないため、すでにあるＭＩＣＥ施設や多目的ホールなどを活用して、国際的なイベントや大会を開催することも十分に可能だ。

郊外の大きな運動施設ではなく、中心部にある施設を活用すれば、まちの賑わいを創出することもでき、市民とビジターが交流可能となり、地域外からやって来る人々の関係人口化が図れる接点にもなりうるのだ。

例えば、私がＭＩＣＥアンバサダーを務めている熊本市をはじめ、熊本県内の八代市と山鹿市では２０１９年の11月30日～12月15日にわたって女子ハンドボールの世界選手権が開催されるが、その機運を盛り上げようということで、日本代表チームと地元の子どもたちが、片手でくまモンのぬいぐるみを抱いてゲームをする、といった交流イベントが２０１８年に催されている。これもまた、ゆるスポのひとつの形であろう。必ずしも高度な技を持ったアスリートでなくても気軽に市民が参加できるため、同大会の気運を盛り上げる上で、極めて効果的な広報活動ともなっている。また先述の通り、こうしたゆるスポやｅスポは、２０１９年12月に熊本の中心部にオープン予定のＭＩＣＥ熊本城ホール（仮称）においても、より多数の市民が主体的に参加可能なイベントのコンテンツとして、有効な施設の活用促進策としても期待されている。

もうひとつの「ｅスポ（ｅスポーツ）」とは、対戦型のテレビゲームをチェスや将棋、あるいは格闘技のような競技として捉えた「エレクトロニック・スポーツ」のことであり、近年、世界で爆発的な人気を呼んでいる。

ただのテレビゲームと思ってはならない。人気ゲームでは世界大会も開かれ、その賞金総額が数億円という規模になっている。というのも、その対戦がインターネットを通じて世界に配信され、世界中の観客を集めることが可能だからだ。スポーツと名がついているのは、そこで真剣勝負が繰り広げられるからであり、それが人々を惹きつける要因でもあるが、ビジネスの観点でいえば、プロレスやK１といった格闘技イベントに近い、新たな巨大ショービジネスといえるだろう。

特に、アジア地域ではすでに巨大産業になっており、多額の投資が行われている。その一方で、「２０２４年のパリ五輪でメダル競技に採用される可能性も高まっている」といった話もあり、ますます目が離せない。

そして、このeスポもまた、特別に巨大な施設は必要ない。観戦そのものもアミューズメントになるため、多くの観客を現地に呼ぶこともできる。それは当然、インバウンド戦略の新たな一手となる可能性を秘めている。大都会に限らず、すべてのまちでeスポの世界大会開催の可能性があるのだ。

２０１９年にワールドカップが開かれるラグビーであっても、ゆるスポでもeスポでも、わがまちに呼び込むこと、あるいは独自に企画して開催することによって地域住民の関心が高まり、それが独自の、地域におけるスポーツ文化を育むきっかけともなりうる。

またとりわけ、ゆるスポは、前章で取り上げたシビック・プライド形成においても大きな可能性を秘めている。そのひとつの好事例が、大阪のNPO法人ゼロワンがプロデュースするチャ

日本のマチュピチュ「竹田城跡」を擁する兵庫県朝来市のチャンバラ合戦の様子

ンバラ合戦-戦ＩＫＵＳＡ-である。このゆるスポの魅力は、その発想の原点からしてゆるいところだろう。そして、大阪という地元への愛着を形にしたいという純粋な思いの力が、その後全国各地に広がっていった原点となっているようだ。

このチャンバラ合戦は、そもそも「大阪を世界一おもろい街にしたい」「大阪から世界に何かおもしろいことを発信していこう！」というコンセプトから始まったという。それでは、何から始めようかという議論になり、日本の文化といえば、「侍・武士」「コスプレ」――そうだチャンバラだということになったという。２０１１年７月に第１回を開き、国内外で催した総合戦数は３００を超え、これまで参加した総侍数（参加者数）は、5万人にものぼるという。また、すでに岐阜県可児《かに》市や兵庫県朝来《あさご》市などでは、このチャンバラ合戦を、市民のシビック・プライド形成にも活用している。

ルールはとてもシンプルだ。

①自軍と敵軍に分かれて、それぞれウレタンの刀を利き腕に持つ、②反対側の腕にビニール製の赤や青のボールである命《いのち》をマジックテープで装着する、③戦闘開始！の合図とともに、敵軍の命を刀で落とし合う。

合戦方式には各種ルールがあり、いろいろなバリエーションが楽しめるという。

例えば、地域のゲストハウスなどとコラボして、そこに滞在中の訪日旅行客と地域住民とが、チャンバラ合戦を通して交流するような企画があってもおもしろいだろう。

ゆるスポ、そしてeスポには、大きな可能性がある。

極意11 越境ECと連動せよ

越境ECとは国を超えた電子商取引のことであり、要するに、インターネット通販サイトを通じた海外からのオンラインショッピングを意味する。世界の越境EC市場規模は継続して拡大しており、2020年には109兆円にまで達することが予測されている（経済産業省）。

これまで越境EC業界の人々は、自分たちはインバウンドとは無関係だと考え、一方、インバウンド業界の人々もまた自分たちと越境EC業界とは無関係だと考えてきた。結論を先に言えば、極めてもったいない状況である。この越境EC業界とインバウンド業界とが、相互にかなり積極的に融合と連携を図ることで、越境EC業界もインバウンド業界も共に伸びるのではないかと私は考えている。

通常、旅のステージは三つに分かれている。①旅前（たびまえ）、②旅中（たびなか）、③旅後（たびあと）である。この三つのステージのすべてにおいて、越境ECとインバウンドのシナジーを生み出すことが可能である。

佐賀県有田町の源右衛門窯の赤絵絵付けの様子

①旅前の越境ECは、訪日のきっかけづくりだ。例えば、私の出身地である佐賀県は有田焼・唐津焼をはじめとする焼き物の一大産地であるが、越境ECによって佐賀の焼き物を手にした外国の人は、これはどんなまちで、どんな人によって作られたのだろうと思いを馳せることになる。モノづくりの現場を見てみたいという思いが湧き、それが訪日のきっかけにもなる。

②旅中ではもちろん、ECではなく直接の買い物が中心となるが、焼き物や日本酒、焼酎、最近人気の出てきた日本産ワインなどは、重くて道中の持ち運びが困難である。それを理由に購入を控えることさえありうる。そこで、本国の自宅への別配送をサービス提供すれば、これはもうすでに立派な

越境ECの始まりとなる（また、手ぶらになった旅行客は、より自由に観光を楽しみ、さまざまなコト消費を生み出す可能性にもつながるだろう）。

そもそも、越境ECに限らず、通販では、届け先の個人情報が不可欠となる。それゆえ、越境EC事業に参入することによって、自動的に訪日客の顧客情報の入手が可能となるのだ。これによってCRMマーケティング手法が可能になる。CRM（Customer Relationship Management）とは、日本語に訳せば「顧客関係管理」ということになる。

例えば、商品の購入客に対して、後日メールやメッセンジャーなどで「先日は当店をご利用いただきありがとうございます。新商品のご案内を送ります！」といったような販促のDMを出すこともできるので、こうしたことによって訪日の顧客との間に持続的な関係を築くことも可能となる。それは単にリピーター化、ファン化を図るだけでなく、「これから日本は紅葉の美しい時季を迎えます。ぜひ紅葉の季節に再来訪ください」というように、次の再訪日を促進できるメディアともなりうるのだ。

これは、ただ買い物をしてもらうだけではできない。いくら大量の免税品を購入してもらっても、顧客の詳細な情報は手に入らない（パスポートには、言うまでもなく、自宅の住所・メールアドレス等は記載されていない）。発想を変えて、顧客情報を入手する手段として越境ECを活用しようということだ。それが、先ほど述べた国際関係人口化にもつながっていく。

この、②旅中における越境EC戦略は、手ぶら観光の促進だけの効能では終わらない。多くの訪日客は、飛行機や新幹線、バスなどで日本中を長距離移動する。その長時間の移動時間の中で、越境ECは楽しみのひとつになるだろう。店頭では、多言語で奥深い商品の背景やこだわりやモノづくりのストーリーを語ることはできないが、サイト上に、多言語で詳しい説明を載せておけば、訪日客は移動中の時間を使って、じっくりと品定めができる。

そして、③旅後の越境ECでは、本国に帰った後の「買いこぼし」を拾い、さらに「お代わり」需要を促すことができる。それは同時に、「また行きたい」「また食べたい」という訪日のリピーター化の促進にもなるし、当然CRM化もできる。

これまでインバウンドにおけるビジネス側と旅人側の関係は、一度きりの関係でしかなく、リピートするかどうかは顧客次第であったのを、こちらからの働きかけによって継続的な顧客に変えることが可能になるのである。このようにしてインバウンドの旅のループが回っていくことは、訪日客の増加・リピーター化に直結することである。

このように、越境ECは、大きな可能性と商機を秘めている。これまでインバウンドと越境ECは切り離された存在であったが、これをより有機的かつ戦略的に結びつけて取り組むことによって、もっと大きなかつ継続的な商機へとつなげることが可能となるだろう。

極意12

ツイン・ツーリズム振興こそが持続可能な成功の鍵、双方向の交流に注力せよ

すでに見てきたように訪日外客数の推移は一見順調に思えるが、その詳細を見ていくと、気がかりな数値も見えてくる。中でも2018年の中盤に入ってからは、台湾、韓国、香港といったインバウンドの主役級の国・地域において、訪日外客数の伸び率が軒並みダウンし、1桁台にとどまるようになり、同年9月においては、前年同月比5・3％減にさえなった。

これを、第1章で述べた通りの、相次ぐ自然災害による一過性のものとして捉えることもできるだろう。しかし私には、そうとは思えない。すなわち天災による一過的現象ではなく、これらの数値の陰りは近未来の新トレンドの予兆とも思えるのだ。

すでに韓国の生産年齢人口（15～64歳）は2017年から減少に転じた。東アジアでは日本が1995年に、次いで中国が2011年に、台湾が2015年に生産年齢人口はピークアウトしており、ついに4カ国そろって人口が下り坂に入った。総人口も、韓国では早ければ2023年に減り始め、台湾も2024年には減少に転じると予測されている。人口減少は、

図表3－7　台湾と日本のツーウェイ・ツーリズムの推移（2003年～2017年）

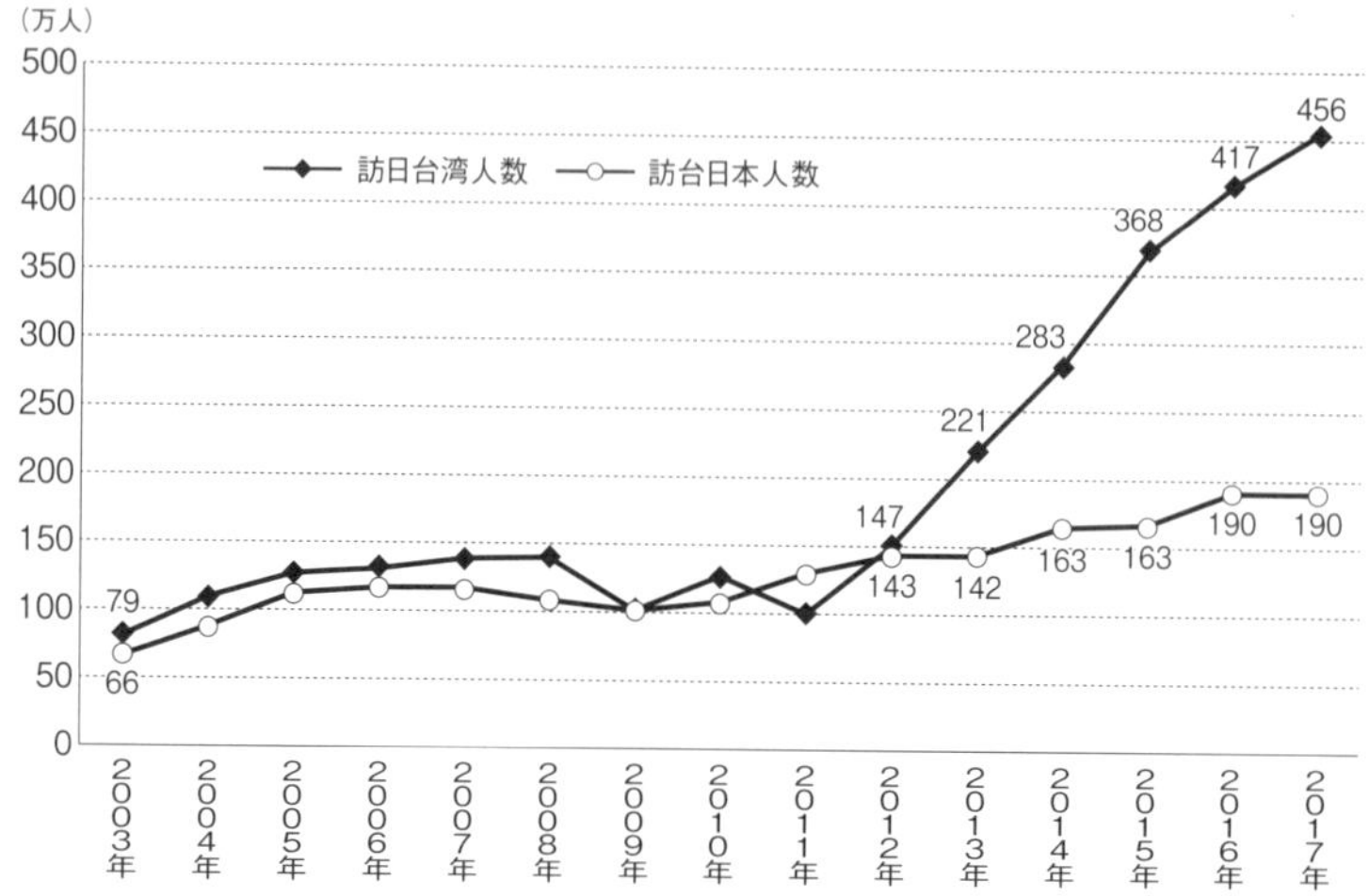

出典:JTB総合研究所

すでに2011年から総人口が減り続けている日本だけの問題ではないのだ。

地方自治体は人口減少による域内需要の落ち込みをインバウンドで補おうと、とにかく「来てください！　来てください！」の合唱連呼で、アジア中でプロモーションを行ってきた。地元からのアウトバウンド振興は脇に置き、一方通行のインバウンド振興にばかり傾倒してきた。

その結果、インバウンドが3年で3倍近くになっている一方で、アウトバウンド、つまり日本人の海外旅行は横ばい状態が続いている。直近ではやや微増といえなくもないが、インバウンドとの乖離は広がる一方で、その格差

図表3－8　韓国と日本のツーウェイ・ツーリズムの推移（2003年～2017年）

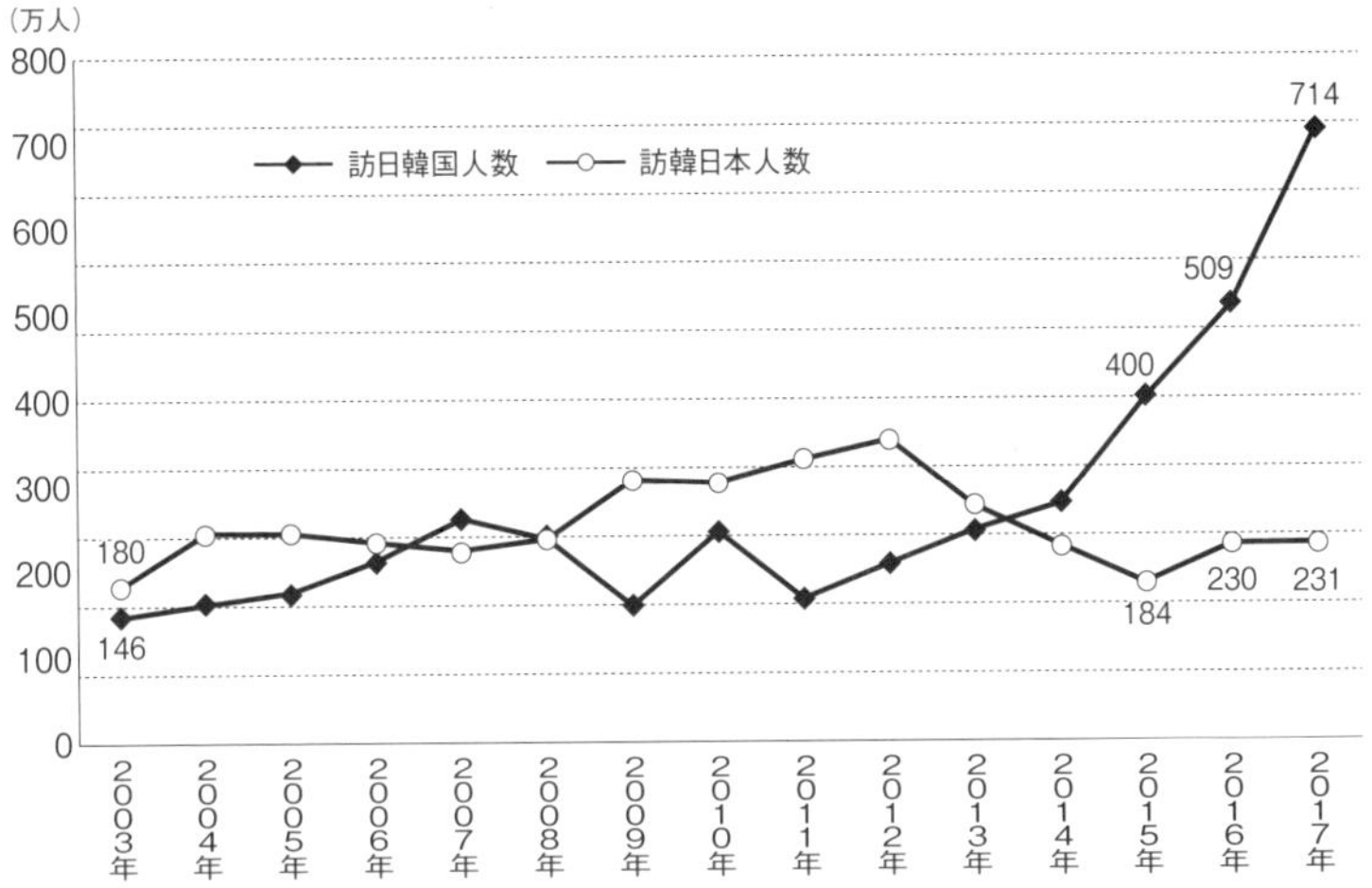

出典:JTB総合研究所

は近いうちに倍になってしまうと予想される。確かに世界の国際観光人口は伸びているが、本当にインバウンド推進だけで政府目標は到達可能なのだろうか。例えば、台湾ではインバウンドもアウトバウンドも伸びている。人口2300万人の台湾における出国者数が、人口1億2000万人を抱える日本と変わらない。しかも、その中の3人に1人（456万人）が、日本にやって来る。対して、日本から台湾に行っているのは10・6％（190万人）で、その差は2・4倍。韓国に至っては、訪日外客数と訪韓客数の差が3倍にまで開いている。

これはいびつなワンウェイ・ツーリ

ズムとしか言いようがない。この状況を是正していかないことには、今後さまざまなところに影響が及ぶことが懸念される。

例えば、航空機においては、台湾からの往路は満席だが、日本からの復路、特に地方空港からの便では空席が目立つようになる。そうなると、航空会社としては運航の継続が難しくなる。確かに現在でもＬＣＣ各社が台湾に次々と就航しているが、これ以上の便数の拡大はそろそろ難しくなっていくのではないだろうか。

先日、台湾の地方部を訪れた折には、その思いを一層強くした。日本では、台湾はこれからもどんどん成長する地域だというイメージがあるが、実際には、各都市で空きビル・空き店舗が目についた。台中市などは空洞化して、中心市街地の一角はゴーストタウンのようになっていた。まるで日本の地方と変わらない。これは韓国も同様だ。つまり、呑気に自国を、自地域だけを主語にしたインバウンド振興だけ考えていればよかった時代は、すでに過ぎ去りつつあるのだ。それなのに、もっと台湾・韓国などから一方的に旅行客を呼ぼうと能天気なインバウンド誘致活動がいまだに続けられている。私は非常に強い危機感を抱いている。

では、どうすればいいのか。それにはまず、日本人の極端に低い出国率、特に地方部における出国率を上げることが最重要課題だ。先進諸国の中で最下位水準となっている、日本人のパスポート保有率を高めるところから始めなくてはいけない。

しかし、言うは易く行うは難しだ。また先述の通り、国際旅行の趨勢は、すでに世界的にFIT中心に変わった。日本も同様に今や海外旅行も個人手配中心となっている。今さら国策として、さあ皆さん、団体のパッケージツアーに申し込んで海外に、特に東アジア各国にどんどん出かけましょうと呼びかけようとしても、今の数倍以上の人数を送り出すことは、現実的にはなかなか難しい。

私は、今こそ提唱したい。それは、インとアウトの双方向の国際観光（ツーウェイ・ツーリズム）に、新たに「ツイン・ツーリズム」の名称を与え、インとアウトが双子のように一体不可分なものとして連動的に成長することを前提とした国際対話と共同事業の推進である。そもそも、ツイン（twin）とは、双子を意味している。双子の兄弟姉妹において、片方だけが大きく成長し、もう片方は未成長のままということは、そ

台中市の有名なスイーツ店「宮原眼科」にて

もそもありえない。まさにまるでこの双子のように、日本と東アジア各国とのインとアウトの双方向のツーリズムが共に成長していくような相互交流戦略をツイン・ツーリズムと命名したのだ。

具体的には、単に日本側からどんどんアウトバウンドの旅行商品（とりわけＦＩＴ向けのもの）を企画して、相手国の観光魅力の宣伝を積極的に日本国内で行うだけではなく、各国（特に地方部）の行政機関・自治体や民間のインバウンド事業者の皆さんに積極的に働きかけることで、日本からのアウトバウンド促進を支援していくのだ。私が今回、台湾の出版社からの自著『儲かるインバウンドビジネス10の鉄則』（日経ＢＰ社）の出版依頼を快諾して、アジア各地で自分の考えを広めようとしている理由も、ここにある。

なお、その際、特に重要なことは、日本をはじめとする世界からのＦＩＴの旅人が満足するような受け入れ態勢整備の支援だ。確かに、東アジアの国々の首都などの大都市の観光コンテンツの中には、すでに先駆的に、日本の最新トレンドにも引けを取らない（いやそれ以上のレベルの）店舗や商品・サービスもある。しかし残念ながら、そうした事例は大都市部における限定的なものにすぎず、各国の地方都市や地方の観光地においては、日本人を含む世界の観光客とりわけＦＩＴの旅人を魅了しうるレベルまでに磨き上げるには時間がかかる。それゆえ、こちらから積極的に関与して、国境の垣根を越えて、ツイン・ツーリズムの実現に向けて、特にＦＩＴ振興のための支援に集中的にコミットすることにより、まずは日本人（特に若者）が行きたくなるような観光コンテンツを共同開発し、各国の各地の魅力づくりに貢献していくのだ。

萌芽的ながら、私自身はすでに仲間たちとツイン・ツーリズム実現に向け、民間主導による東アジアにおける相互外客誘致を促進するための対話と、各国内のＦＩＴ向け観光地域の磨き上げを目的とする協働活動に着手している。

まさに、ツイン・ツーリズムの実現こそが、老いていく東アジア全体の持続可能性を生み、ひいては日本の持続可能なみらいを切り拓いていく突破口となることを、私は確信している。

農泊推進への思い

宮城県の松島に招かれて講演した。日本三景松島の風光明媚な、絵葉書そのままの絶景が広がる素敵な旅館が会場。講演会終了後には豊かな海の幸に舌鼓を打ち、県内の観光関係者とインバウンドの可能性について夜遅くまで熱く語り合った。被災地の宮城沿岸部にも、少しずつしかし確実に観光客が戻り、訪日外客の姿も散見された。実際、2017年に宮城県に宿泊した訪日外国人は23万8620人。前年比19・7％増と全国平均を上回る（観光庁「宿泊旅行統計調査」）。ただし、こうした好実績は仙台市内や松島等の主要観光需要地域に限られ、県内のその他地域は依然として訪日需要は小さい。

翌日は県庁にご支援いただき、県北部の各市役所を訪ね、各市長と観光担当部署の方々と訪日振興戦略について議論した。各市長は「仙台・松島地区に比べ、われわれ内陸部はDMO形成に参画できておらず、蚊帳の外にいた。じわりじわりと取り組みへの遅れがボディブローのようにマイナスの方向で効いてきている。喫緊の課題は、南三陸町等との広域での地域連携とDMOの起《た》ち上げ、そして農泊推進、特にインバウンド客の取り込みだ」と自説を論じられた。

全国を駆け回る中で初めて首長の方々から直接、農泊推進の熱い想いを聞いた。実際、登米市や栗原市などの田園地帯は、車窓から見るだけでも土地が肥え、農業が盛んな様子が伝わる。しかし、TPP11協定も2018年3月に署名され、今後発効していく。農産物もグローバル市場で闘わねばならなくなる。純粋に農業だけでは、地域社会が持続可能にならない時代がそこまで来ている。地元に健全な危機感とインバウンド振興への情熱が共有されつつあるのを実感した。離農した農家等の空き家対策・活用策等も焦眉の課題という。

今回の旅では公共セクターに加え、地元の有力農業生産法人「伊豆沼農産」の伊藤秀雄代表と直接、インバウンド振興について語り合い、農家レストランをはじめ、ラムサール条約に登録済みの美しい伊豆沼のほとりの直売所・観光農園・ハムの生産施設などを見せていただいた。伊藤代表も「これからは農産物だけに頼っていては農村は滅ぶ。六次産業化だけでも足りない。世界の観光客に直接地域に来訪してもらえるよう、外需を取り込んでいきたい。国内の首都圏や仙台圏の日本人客はどうしても週末型。平日には来てくれない。週末はすでにいっぱいだ。体験施設もキャパオーバーだ。外客を平日や閑散期に呼び込み、需要の平準化を週の中で、年間を通して図りたい。今は日帰り客対応しかできない。これからは地域内の空き家を生かして農泊施設を用意し、滞在型の農業リゾートを目指したい」と、農泊構想を熱く語ってくれた。

今や訪日外客は、首都圏や京阪神・中京圏などの大都市から地方部へと拡散しつつある。実際、三大都市圏と地方部で外国人延べ宿泊者数の前年同月比を比較すると、三大都市圏で9・4％増、地方部で23・7％増となり、地方部で増加している（観光庁「宿泊旅行統計調査」２０１８年３月）。増加し続ける訪日外客は、リピーター化する中で、ありきたりの日本よりも、より深い観光体験（コト消費）を求めつつある。大都市や主要観光地での滞在を楽しみつつ、同時に田舎にも足を延ばし、異文化を味わいたいのだ。こうしたトレンドは農泊推進の大きな追い風だろう。

ただし、課題も山積している。農泊の担い手の力量と施設の質の問題に加え、何よりも緊密な地域連携・官民連携、そして地元の本気さが必須となる。今回訪問した宮城県北部では官民のそうした情熱が醸成されつつあった。この地域の農泊に大きなポテンシャルを感じた。

（初出『週刊トラベルジャーナル』２０１８年７月16日号）

第4章

ニッポンの課題をインバウンドで解決する

▽明治維新が生み出したもの

２０１８年は、１８６８年の明治維新から数えて１５０年の節目である。この年のＮＨＫの大河ドラマは「西郷《せご》どん」。主人公の西郷隆盛が幕末から明治維新そして西南戦争に至る人生がドラマ化されて放映され、話題になった。また、明治維新に関わるさまざまな著作も数多く出版された。

私は、明治維新の本質とは、ずばり言って「究極の規制緩和」であると思う。江戸時代までの日本では、士農工商という身分制度で職業の自由は制限され、親の身分がそのまま子や孫の身分に固定されていた。また、全国約３００の藩はそれぞれが、あたかも一つ一つの小さな国のようなものであった。

そこでは人々は、自由に許可なく藩の境を越えて他国に移動することはできなかった。当然、移住もできず、転職もできず、土地に縛り付けられていた。それらが、明治維新によって、一気に解禁されることになった。人々は、職業選択の自由と移動の自由を手に入れた。そして、志を立てれば誰でも立身出世の可能性をも手にした。明治維新とは、日本が西欧列強に対抗して植民地化することを免れたターニングポイントでもある。そのため、明治以降の日本の近代史は、まさに司馬遼太郎が『坂の上の雲』で描いたような誇らしい歴史として、これまで取り上げられてきた。そして、私自身、明治維新そのものを誰よりも高く評価している。

しかし以前と違い、最近では、単に幕末維新の英雄譚として、勤王志士の立志伝を語るような光の側面のみ、また明治の文明開化や殖産興業による経済発展や文明発展ばかりを喧伝《けんでん》する本ばかりではなく、その功罪、いやむしろ明治維新の影のサイドに言及する本もいくつか世に出てきている。そしてそれらの本では、たいがい明治維新前後の官軍側のテロまがいの強権的かつ軍事クーデター的な手法が批判されている。

特に明治維新に至るプロセスについての倫理的な論難が多い。それはそれで、興味深い考察であると思う。ただし、私はそうしたプロセス論や倫理道徳論よりもむしろ、薩長史観に基づく、明治維新という革命によって日本人が手に入れたものに加え、われわれが明治維新によって失ったものを客観的かつ冷静に見極めていくことの方がさらに重要だと感じている。

これから日本が滅ぶことなく22世紀以降にまで続く持続可能な社会をつくっていく上で、明治維新によって、われわれが失ったものをきちんと捉えて、その失ったものをもう一度取り戻すというプロセスなくして、真の日本の存続はない――私はこのように考えている。なぜ今、日本は国を挙げてインバウンド振興に取り組んでいるのか。そしてなぜ、私たちＪＩＦが広義のインバウンド振興を掲げて活動しているのか。それは、これまで何度も述べてきたように、

図表4－1　長期人口動態

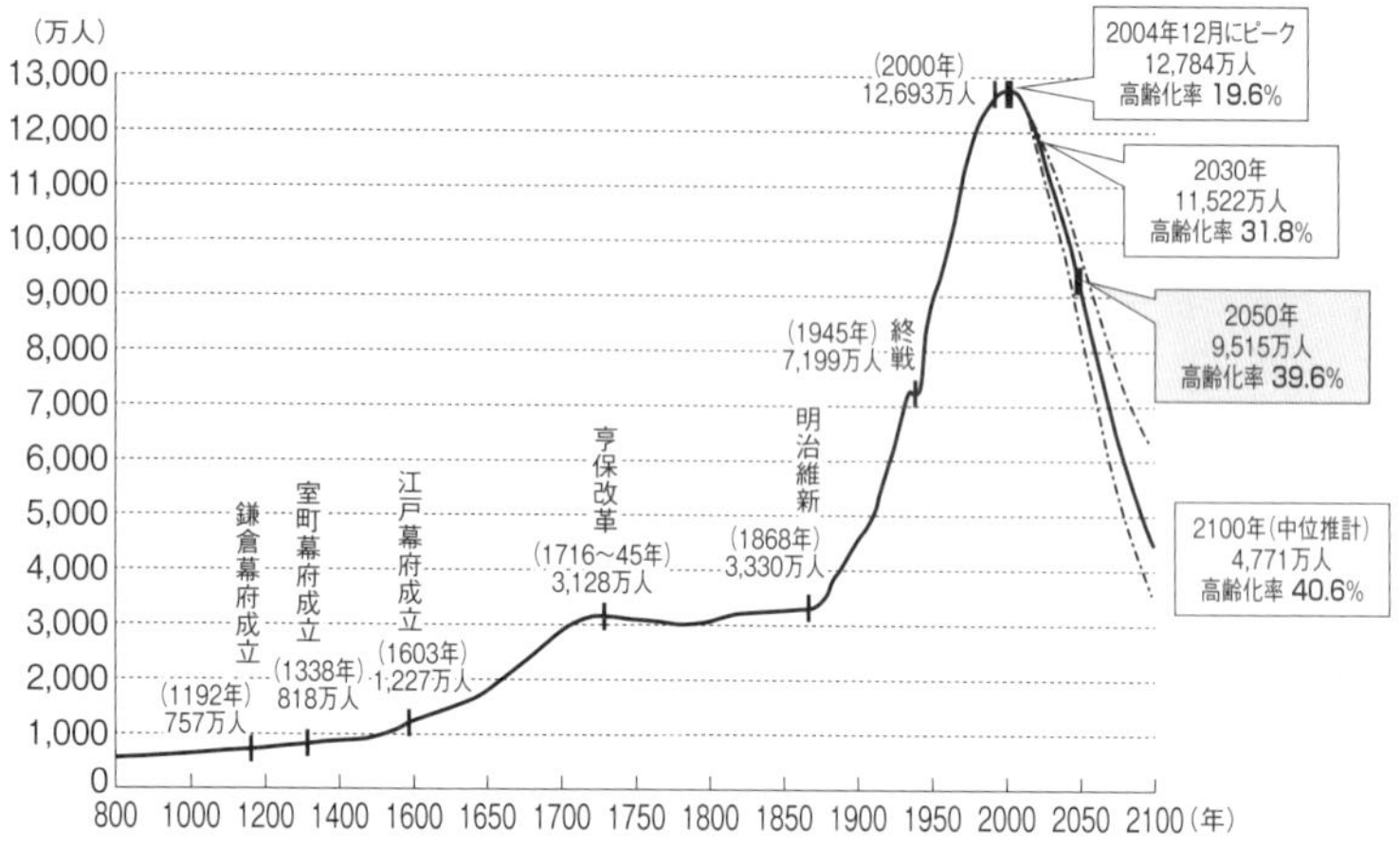

出典：「国土の長期展望」中間とりまとめ　概要（平成23年2月21日国土審議会政策部会長期展望委員会）をもとに中村加筆

すでに２０１１年以降人口が減少し続けており、何もしなければこの国が滅ぶからであり、その亡国を全力で阻止するためである。

では、なぜ日本は今、人口減少しているのか。それを知る手がかりは、明治維新が生み出したものにある。日本の総人口の推移を示すグラフを見ると（図表４－１）、明治維新を境としてほぼ垂直に近いほどの右肩上がりの急角度で人口が大膨張してきたことが分かる。明治維新時の人口は約３３００万人。それが最大時には約１億２８００万人に達した。実に約４倍もの人口に膨れ上がったのだ。先ほど述べた究極の規制緩和によって人口爆発が起こったのである。

その根本にあるのは地租改正だ。江戸時代までの日本人のほとんどは、農民であった。そして圧倒的な税率の高さが農民の背中に重くのしかかっていた。原則的な比率は「五公五民」と呼ばれ、つまり農民は、農作物の全収穫量のうち5割を領主に年貢として納めなくてはならず、手元に残るのは残りの半分だけだった。なかには「八公二民」の藩もあったとされる。

それが明治維新の地租改正によって、土地の私的所有が認められ、土地の価格の3％を地租として払えば、収穫量が多くても少なくても税率は一律となった。江戸時代は、どれほどたくさん米が穫れても、半分（ないしそれ以上）はお上に持っていかれていたため、農民のモチベーションは強く制約されていた。その年貢が地租に変わったことで、自ら積極的に農業の生産性改善に注力する強い動機が生まれた。3％という地租は、改正以前の税収が維持される高額税率であったという説もあるが、そうであるならばなおのこと、できるだけ多く収穫することで、自らの収入を増やそうという考えにもつながる。こうして地租改正によって農民のモチベーションアップによって生産力が上がり、それがやがて軽工業・そして重工業の発展、国力の拡大、それらが後の人口爆発へとつながっていった。

それから150年。すでに2011年からわが国の急速な人口減少は始まっている。野外で上に向けて全力で放り上げられたボールは、放物線の頂点から、一気に地面に落下してくる。まさにそのボールのように、明治維新後の人口爆発によって増えた今の日本の人口は、急激に元に戻ろうとしているのだ。厳密に言えば、日本の人口は減少しているのではない。元の人口規模に猛スピードで戻ろうとしているのだ。そして日本は、世界最速のスピードで消滅に向かっている。これこそが、現在の日本人が直面している状況の真相なのである。まさに人口減少の遠因は明治維新にあると私は思っている。そうなのだ。明治維新によって私たちが喪失してしまった何かが、今私たちを亡国・消滅への道に引きずり下ろそうとしているのだと。

それゆえ、今私たちがこの人口減少に立ち向かい、これを阻止し、滅ばない日本を創り出すためには、150年前の明治維新によって、先ほど言及したような私たちが新たに手にしたものだけではなく、同時に何を失ったのかについて、よく考察し、それを新しいかたちで取り戻すことこそが必要不可欠なのだと思う。

▽明治維新によって失われたもの

一体われわれ日本人は、明治維新によって、今見てきたような大規模な規制緩和あるいは発展と引き換えに、具体的に何を失ったのだろうか。人口減少社会に突入した日本が、みらいに向けて「滅ばない日本」に生まれ変わっていくプロセスは、明治維新によって失われたものを、再度取り戻していくプロセスでなければならない。そうなのだ。失ったものは、取り戻さなくてはならないのだ。それゆえ、そのためには何よりもまず、取り戻すべきものを明確化しておかなければならない。それは、以下に述べる通り、三つだと私は考えている。

ここで、あらかじめ本章の、そして本書の結論を述べておこう。そうなのだ。私たちはそれらを、再び取り戻せる。もちろん、それは明治以前そのままのものではなく、現代にふさわしい形で取り戻すことになるだろう。そして、それらは、インバウンド戦略への懸命の取り組み、すなわち観光立国とシビック・プライドの樹立すなわち哲学立国への挑戦によってのみ、取り戻すことが可能になることだろう。そして、この一連の取り組みの徹底によって、わが日本を滅ばない国にすることは十分に可能であると私は強く確信している。

1 伝統的な時間感覚の喪失

1872年、明治5年の11月9日に、「改暦ノ布告」が出された。これにより日本の暦は、従来の太陰暦から西洋の太陽暦へと大転換されることとなった。具体的には、この年の12月3日を、一気に翌明治6年の1月1日にしたのだ。

ただし、いきなりの変更は現実的には、無理があるだろうということで、明治時代を通じて、カレンダーには長らく新暦と旧暦が併記されており、完全に太陽暦のみに変わったのは明治の最後の方になってからだった。そこにはさまざまな思惑があり、また同時に悲喜劇もあったが、多くの日本人はこのことをさほど重大なこととは捉えていない。しかし私は、これは非常に大きな時間感覚の変化ないし破壊であったと考えている。

なぜなら、これにより伝統的な年中行事もすべて太陽暦に変わったからだ。あまり気づかれていないことだが、歴史上長く太陽暦が用いられてきたアジアの国々で、そのような大転換をしたのは日本だけである。モンゴルも中国も韓国もベトナムなどのＡＳＥＡＮ諸国も、年中行事は今もってすべて太陰暦に基づいて行われている。もちろん、今やすべての国々でグローバル化に対応するために、カレンダーとしては西洋の太陽暦が用いられているが、日本のように年中行事の日付まで変更してはいない。

例えば、台湾の七夕は毎年日付が変わる。日本のように、毎年西暦の7月7日に固定されているわけではない。そもそも太陽暦の7月7日は、太陰暦では今の8月のお盆の時期の前後に当たる。それを強引に太陽暦に合わせたために、七夕なのにもかかわらず、ほぼ1カ月早めているので、梅雨時期で天の川など見えない、という事態になっているのだ。

また、中華圏の正月である春節は、長期休暇の時期ということもあって、インバウンド業界では年間最大級の特需の時期として知れ渡っているが、これも同じことだ。中国他の中華圏の国々は西欧諸国と同様に、西暦の1月1日を迎えるが、それはあくまで太陽暦によるカレンダーの年の変わり目にすぎず、生活文化の上での「新年」は依然として春節である。それゆえ、中華圏の人々の中には、1月1日は特に休まない人もいる一方で、春節には先述の通り、長期休暇が設定され、まちを挙げて盛大に新しい年の始まりを祝う。ここでも、太陰暦と太陽暦では、日付が違うので、その春節の元旦も、その長期休暇も毎年違う。1月の後半から2月の下旬まで大きく変動するのだ。

年間の二十四節気を含めた時間感覚は、中国の共産主義革命や文化大革命を経てもなお、太陰暦が維持されて、過去の歴史と断絶することなく現代に息づいている。そうして人々は、昔の人たちと同じ時間感覚のもとに、季節を感じ、年中行事を行って暮らしている。

一方日本は、明治維新という名の革命によって、江戸時代までの日本が太古から築いてきた時間感覚を一気に喪失してしまった。これは、時間軸の喪失、そしてアイデンティティの喪失といっても過言ではない。前述した七夕やお正月のように、江戸時代までの時間感覚と、明治時代以降の時間感覚はまるで違う。

例えば、「晦日（みそか）」とは30日のことであり、別の言い方では「晦（つごもり）」という。つまり月がなくなる日、要するに新月を意味している。同じように「十五夜」という言葉は、15日で満月になることを示していた。これらの言葉も、明治以降、その本質を失った。明治維新で太陽暦になったことで、晦日は月の動きとは関係なくなり、十五夜は暦と関係なくなってしまった。

かつて日本では、農業も漁業もお祭りも、産業文化・生活文化・精神文化のすべてが太陰暦に基づいていた。月の満ち欠けによって、人々は時の経過を知り、それが生活の基盤をつくっていた。その基盤が、ある日を境にすべて太陽暦に大転換した。明治政府の政策によって、日本国中、強引に時間感覚を改造させられてしまった（なお、国内では沖縄のみが琉球王国時代の太陰暦に基づく生活文化・時間感覚を今なお残している）。以上の通り、そのような国は、実は日本だけなのだ。しかも、これらの事実でさえ、ほとんど誰にも自覚されてはいない。

2 伝統的な空間感覚と自治意識の喪失

先に述べた通り、江戸時代において、日本の各地方はおよそ300の藩に分かれており、それぞれの領民は、自分たちを「日本人」として捉えていなかった。そのため、世界中を植民地化して併呑《へいどん》しようとしていた西欧列強に対抗していくには、藩ごとの領民意識に代えて、国民意識を醸成し、「日本人」をつくるしかないと明治政府は焦っていた。そこで従来の村落共同体をすべて解体し、1872（明治5）年、新たに大区・小区制という地方制度を導入した。これにより、府県の下には大区が、大区の下には小区が設置され、それぞれ数字で表されることになった。驚くべきことにこの大区・小区制によって、江戸時代までの各村落の古くから連綿と続いてきた固有の地名はいったん消滅させられたのである。

例えば、群馬県利根郡沼田町（現・沼田市）は、「群馬県第十八大区一小区」と表されることになった。しかも、この区分けは、江戸時代から地縁によって発生した町村とは無関係に設定されたのであった。府県より小さい町村区分はすべて固有名詞をなくして記号化することで、江戸時代までの村落共同体感覚を壊し、消去しようとしたのだ。それは実際、ひとつの〝文化大革命〟であったわけであるが、これらの性急すぎる改造は同時代においても強い批判と反発にさらされた。

しかも、この大区・小区制は、旧来の地域の自治権を剥奪して中央集権化しようという制度でもあった。江戸時代の農村というのは、庄屋、名主、年寄、大庄屋などを中心とした村落共同体であり、そこでは各藩から広く自治が認められていた。それをすべて廃止しようとしたのだ。

結局、あまりの不評と反発が強かったため、この大区・小区制は、１８７８（明治11）年には早くも廃止されることとなった。その後はフランスの地方自治の体系を取り入れて、再度、一定の地方自治を認めるようになったが、この大区・小区制が一時期とはいえ、日本人の自治感覚、地理感覚を喪失させたことは疑いようがない。

というのも、大区・小区制の廃止に伴って導入された郡区町村編制法によって、もともとの

図表4−2　市町村数の推移(明治21年〜平成26年)

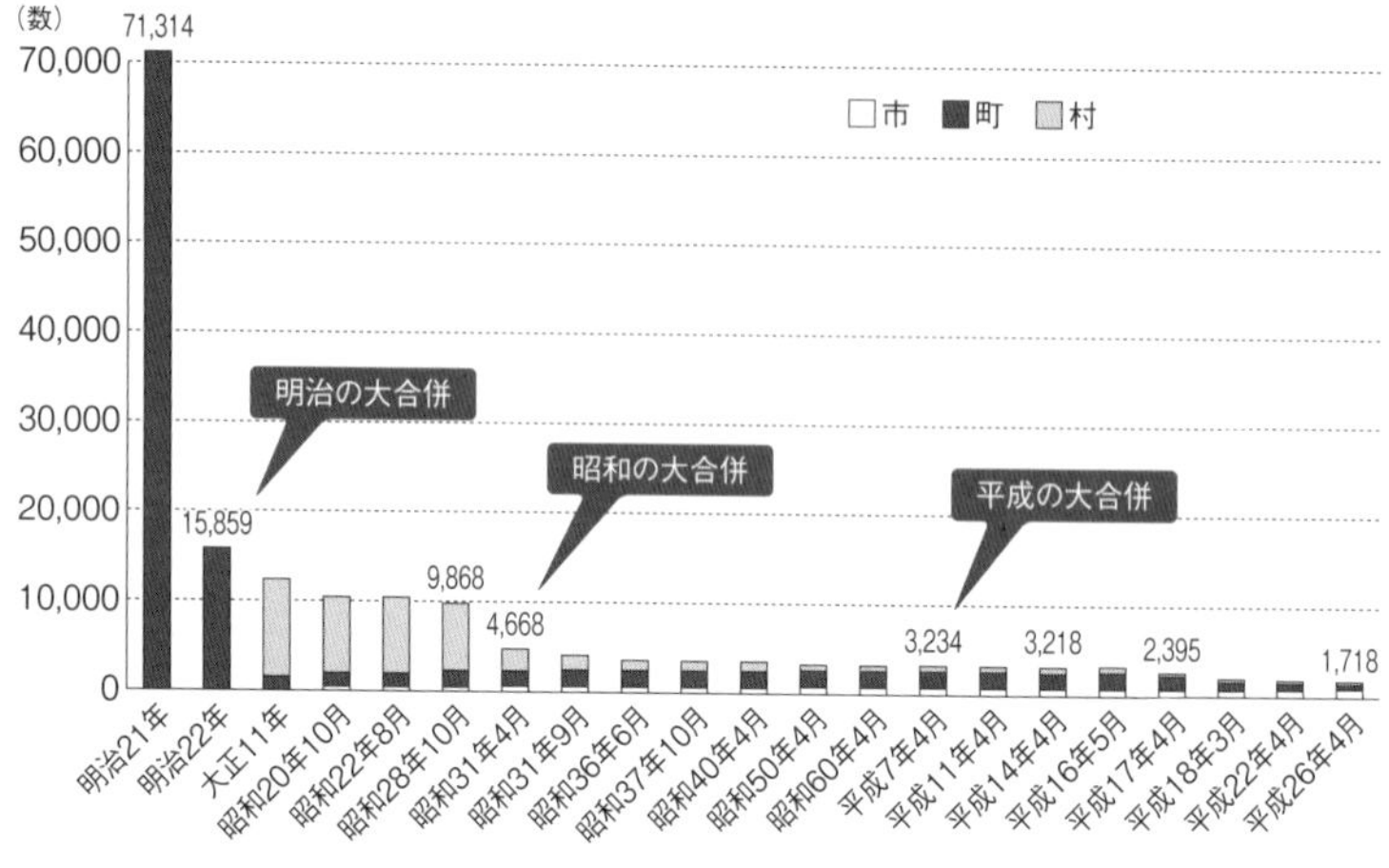

出典:総務省「市町村合弁資料集」より中村作成

町村が地方の基本単位として認められたのだが、あまりにも数が多くなったために行政執行が困難になり、その後町村合併が急速に推進されることになったからだ。これが「明治の大合併」であり、全国の町村の数は、１８８８(明治21)年末の７万１３１４から、翌１８８９(明治22)年末には１万５８２０となり、約５分の１にまで減少した。そして、その後も町村合併は継続して進められ、１９５３(昭和28)年からの「昭和の大合併」によって３２５３(昭和60年の市町村数)まで減る。また、さらに、「平成の大合併」が強力に推進された結果、２０１８年現在の市町村数は１７４１(東京23区を除けば１７１８)となった。

明治の大合併以前と比べると、現在の市町村数は実に40分の1にまで縮小した。この中では、もはや村落共同体の枠組みは存在せず、はるかに広域化することによって、江戸時代から続く伝統的な共同体の構成員が共有していた空間感覚も自治意識も消失ないし変質した。

さらに、明治の後半に実施された神社合祀も、日本人の地理感覚を失わせるものであった。各集落にあった神社を合祀して、1町村につき1神社を標準化しようとしたのだ。だがこれも、南方熊楠《みなかたくまぐす》などが反対の論陣を張って、結局14年で廃止されたが、遺された爪痕は決して小さくはなかった。江戸時代以来の（あるいはそれよりも古くからあった）、ムラの鎮守は、国家神道の中に組み込まれ、郷土の精神文化は変質させられた。

今でも地方のまちに行くと、日本のムラというのは神社を中心として自然発生的に形成され、弥生時代からの連続性があったことが分かる。その神社が破壊されてしまったことは、地域の精神文化の破壊であり、歴史の断絶そのものであった。

このように、明治維新に始まる近代の地方政策というのは、要するに、「ふるさと」というものを否定していくことであった。この150年間の前半のうちに、かなり急速に、かつ大規模に徹底的に、これらの政策が実施されたことで、日本人の「ふるさと」に対する意識、ひいては空間感覚と自治意識（自らが自らの〝まち〟の主権者であるという意識）は大きく改造され消失させられてしまったのだった。

日本以外の国では、アジア・アフリカにおいてもヨーロッパやアメリカにおいても、コミュニティのアイデンティティというのは連続しており、決して断絶していない。ところが、わが日本では、大区・小区制などの度重なる制度変更・改廃と市町村合併によって、大きく変質してしまった。

そうなった要因としては、明治維新以降のエリート、つまり中央政府の官僚や軍人になっていく人たちは、旧制中学・高校を経て帝国大学や職業軍人の道に進むような人であり、彼らは村落共同体から早い段階から切り離されて育っている。郷土の歴史やお祭りなどの精神文化や民俗学的習俗などから切り離されて、まったく地域のことを知らない抽象的な「日本人」に仕立て上げられていったからである。

そのため、江戸時代以来の村落共同体の区分を改変すること、統合することが何を意味するのか、神社を一つ減らすことがいかに地域に重大な変革を強いることなのか、直観的に分からなかったのかもしれない。そして、現代の私たちもまた、そうした無自覚な人々によってなされた明治期以来の文明開化・富国強兵・殖産興業政策の甚大なマイナス面の影響を、無自覚なまま、引き継いでいるのかもしれない。

3　伝統的精神文化の喪失と変質

そして、明治維新によってわれわれ日本人が喪失したものの中でも最大のものは、日本人の、古代から連綿と続いてきた精神的・宗教的価値観である。これはまさに、日本人が長い歴史を通して築き上げてきたすべてを改造するほどの衝撃であり、あらゆる現代の文化の隅々にまで途方もない打撃を与えている。

その発端が、明治元年までに発令された神仏分離令（神仏判然令）である。それまでの日本の精神文化といえば、土着の神々への信仰（神道的なもの）と、大陸から伝わってきた仏教とが、付かず離れず、時に混じり合って（これを「神仏習合」という）、それらが共存し合っていた。それらが、明治維新までの1000年以上にわたって続いてきた。

つまり、552年の仏教伝来以降の日本文化というのは基本的に、神仏習合という前提のもとで形成されてきたのだ。それを、明治維新は一気に破壊したのである。

名目は「文明開化」であり、当時の国民の価値観を根本から変えることが、そもそもの目的であったといえる。神道と仏教、神と仏、神社と寺院を明確に区別することにとどまらず、修験道と陰陽道を事実上廃止に追い込み、その他の日常の伝統的習俗・土俗的宗教も弾圧された。

そうして、廃仏毀釈《はいぶつきしゃく》の嵐が起こる。そもそも神仏分離令は神道と仏教を区別することが明治政府の目的であり、決して仏教排斥を意図したものではなかったが、拡大解釈した神道系の人々によって寺院や仏像が大量に破壊されたのだ。それはまさに、現在のタリバンやＩＳといったイスラム系の過激派が行っている偶像破壊にも等しく、仏像の首をはねたり、寺そのものを焼き払ったりといったことが全国で巻き起こった。仕事がら、私自身も全国各地を訪ねていると、今でも各地の寺院で、顔や頭部全体が破壊された石の仏様をしばしば目にする。

土着の文化と大陸から伝わってきた仏教文化と、さらに山岳信仰など地域独自のさまざまな文化や風習などが織り交ぜられて、その地域固有の精神文化を形づくっていたのが、明治維新までの日本の姿だった。だが、それらがすべて切り離された。

明治維新によって実施された、以上三つの政策により、私たち日本人の時間・空間感覚と自治意識（直接民主主義的価値観）、そして精神文化、すなわち日本人の内面のほとんどすべてが改造されてしまった。そして、前述した通り、ほぼ無自覚にその１５０年にわたってマイナスの影響を受けてきたのが、今の私たちなのだ。

▽観光立国とは、哲学立国のこと
――哲学の力で日本を取り戻せ！

本章の冒頭で述べた通り、明治維新当時、約3300万人しかいなかった日本の人口は、この150年で約4倍に膨張した。それが今、急激なスピードで元に戻ろうとしている。究極の規制緩和としての明治維新は一見成功し、日本民族はいったん大いに栄えたかに見えたが、その効能もピークアウトし、このまま放っておけば、人口急減により、日本は確実に滅んでしまう。滅ばない日本をつくるには、原点である明治維新に立ち返って、喪失した三つのものを再認識する必要があるということで、それらを具体的に見てきた。

では、私たちはこれら喪失したものを、現代に適合した形でどのようにして取り戻したらいいのだろうか。もちろん、今さら暦を太陰暦に戻したり、市町村数を明治の当初期に戻したり、神仏習合を復活させようなどということはナンセンスであり、絶対的に不可能である。では、どのようにして、それら失ったものを取り戻したらいいのか。

これもまた、あらかじめ本章の冒頭で述べた通り、観光立国と哲学立国への挑戦によってのみ、それらを新たな形で取り戻すことが可能であり、その挑戦によって、滅ばない日本の礎《いしずえ》を生み出すことができると、私は思う。

明治政府は、明治4年から明治6年まで約2年間もの歳月にわたって、「岩倉使節団」と称された政府首脳陣他総勢107名もの大使節団をアメリカ合衆国、ヨーロッパ諸国に送った。また、いわゆるお雇い外国人と称される欧米の専門家を当時の政府首脳の俸給を上回る高給で招聘し、貪欲に欧米の文明を吸収しようとした。また、無数の前途有為な若者を国費で欧米に留学させた。そして法制度や産業技術、経済の仕組みその他すべての西洋の文化を果敢にそして猛スピードで取り入れた。先述の三つの喪失を生み出したのも、そうした脱亜入欧的な発想に基づく、性急な文明開化政策に後押しされたものであった。ところが、その明治政府が、本質的に、そして断じて「輸入」しなかったものがたったひとつあった。それは、一体何だったのだろうか。

それが、まさしく「哲学《フィロソフィー》」なのである。

確かに、福沢諭吉をはじめとする当時の一流の文化人たちは、欧米の思想をアレンジして、実学を唱え、精神の独立を説いた。帝国大学でも、文学部の中に哲学科が設けられ、西欧哲学が紹介された。しかし、明治政府の基本方針は、「和魂洋才」であり、精神面は日本の国家神道に基づく修身・道徳教育にとどめ、西洋の精神文明の本質である「哲学」はうまく排除して、技術文明のみの輸入を進めた。

では、そもそも哲学とは何か。

哲学という日本語は、まさに150年ほど前、西周《にしあまね》が「フィロソフィー」を中国伝来の漢字を使って「哲学」というふうに翻訳したことから生まれた言葉だ。ただし、もともとフィロソフィー（philosophy）とは古代ギリシア語の「フィロ／ソフィア philo/sophia」であり、philoは「愛し求める」、sophiaとは、「本当の答え」という意味である。

つまり哲学とは、自分の頭で、本当の答えを探し求めることだ。本当の答えを見つける力、自分の頭で考える力こそが哲学なのである。まさに明治政府は、市民一人ひとりが自分の頭で考えることを恐れ、否定して、また同時に江戸期以前の伝統的価値観を追放した。地域の伝統ではなく、人工的につくられた国家神道や儒教的な価値観のもとに、哲学という西欧文明の本質の隠蔽《いんぺい》を行ったのだ。

観光立国とは、単に世界中の観光客を日本に呼んでたくさんお金を落としてもらおうということでは、断じてない。観光立国とは、すなわち「哲学立国」なのである。そして、観光立国が、「哲学立国」にならない限り、「地方創生」は実現しない。地方創生とは、地域住民、市民の一人ひとりが、自分の頭で、地域が生き残っていくための答えを導き出すことでもある。誰かに与えられた答えではなく、〝お上《かみ》〟から指示された答えでもない。自分の頭で考えて、自分たちでたどり着いた答えこそが、滅ばない地域社会を築く一歩になる。

▽インバウンドはシビック・プライドを生み出す「手鏡《てかがみ》」

世界中からインバウンドを呼び込むことによって、地域の観光立国が実現されれば、まちは直接世界と対話することになる。そうすると、今まで自明に思っていた自らのまちの価値を、世界の観光客の目を通して自覚することになる。まさに、訪日客は自分を映す手鏡なのである。今後さらに観光立国を進めていくことで、地域の住民・市民は、自らは何者であるかを考える機会を得るだろう。そのときを、自分のまちはどんな固有性を持っているのかを探究していくきっかけとすべきであると思う。

市町村合併が行われると、その前の姿は分からなくなる。すでに多くの地方自治体が、そうなってしまっているようにすら感じる。インバウンドによって世界の観光客と触れ合うことは、わがまちの本当の姿（明治維新以前）を知ることであり、そこから本物のシビック・プライドが醸成されていくのだと思う。

シビック・プライドとは先述した通り、単なる「わがまち自慢」ではなく、このまちを支えるのは自分であるという義務と責任を伴うものである。地域の固有のライフスタイルを自明のものとして受け流すのではなく、世界の観光客と触れ合うことを通して、自らのその固有性と魅力を自覚し、再発見し、もしも霞んでいたり綻んでいたりしたら蘇らせて、みんなで磨き、高め、世界に発信して、そうやって稼いでいく。

それら見失ったものを取り戻し、「滅ばない日本」をつくるためには、主権者意識の醸成が不可欠である。２０２２年度から実施される高校の新学習指導要領において、新たに「公共」という科目が新設されるが、これはまさに主権者教育を目的としている。意義のある取り組みであると思うと同時に、その具体的な中身に関しては、私自身も積極的に働きかけて、真の公共の概念を子どもたちに伝えていきたいと考えている。

▽何が富を、お金を生み出すのか？

本書のメインテーマは、「勝ち残るインバウンド戦略」である。勝ち残るためには、稼いで儲けることが不可欠である。ところが、世の中の多くの人は、何が富に、何がお金に変わるのかが分かっていないままに、お金ばかりを追いかけている。

そもそも、お金（マネー）のうち、硬貨は金属のかけら、紙幣は紙切れという物質にすぎず、また銀行の預金残高は、数字という記号にすぎない。それなのに、なぜお金は世界で通用し、

図表4－3　ビジョン→バリュー→マネーの概念図

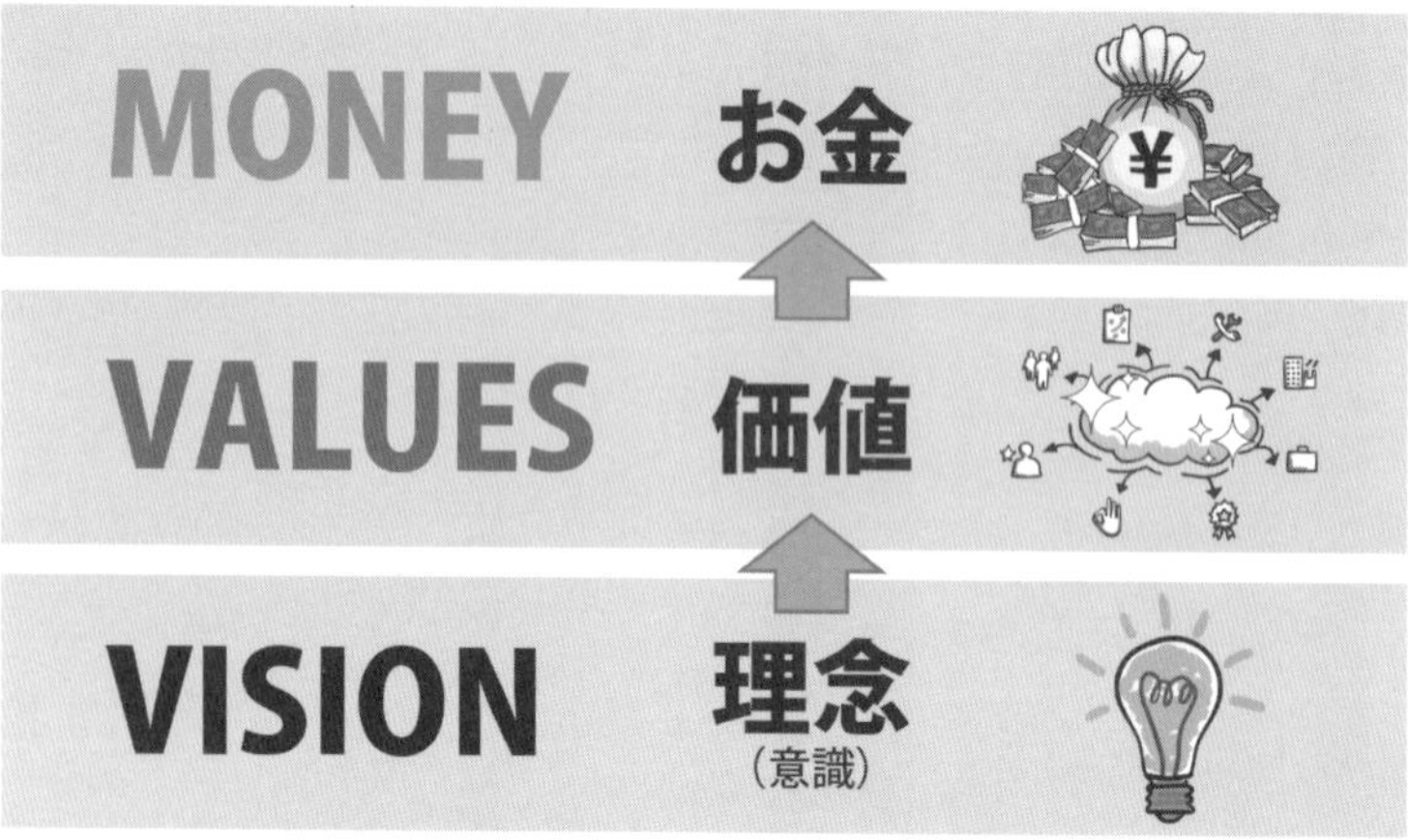

あらゆる代金の決済に使えるのか。その理由は、それらの目に見えるお金（マネー）が、実は目に見えない価値（バリュー）によって裏付けされているからである。

では、その価値（バリュー）を生み出す源泉は何なのだろうか。それこそがまさに私たちの「考える力」であり、ビジョンである。すなわち、せんじ詰めれば、ビジョンこそがマネーの真の源泉なのである。だからこそ、ビジョンを形成する力、自分の頭で本当の答えを導き出す力、すなわち哲学する力が失われれば地域は滅び、国は滅んでいくのである。

地域のシビック・プライド、市民アイデンティティというものを、歴史を踏まえてしっかりと見据え、わがまちはどんなまちなのかを自覚するプロセス、そしてその自己像の再認識を通して、本当の答えを自ら導き出す力が、地域の一人ひとりの市民の中にない限り、富は、お金は、そのまちにはやって来ない。そして、あなたのもとにもやって来ないのである。そう、哲学する力こそ、すべての富の源泉なのである。

▽明治維新前の原点に立ち戻って、これからの150年を再創造しよう

持続可能な地域社会をつくっていくためには、自らのまちのアイデンティティ（自己像）を再構築する必要がある。それは、落ち始めた人口のピーク、すなわち2018年の現在からの再構築ではなく、いったん仮想的に明治維新前に遡《さかのぼ》っての再構築である。

つまり、明治・大正・昭和・平成の150年の延長上に人口の減らない社会をつくるのではなく、江戸時代末までの緩やかな人口上昇の延長線上に描かれるべきだった新たな、穏やかな上昇ないし定常的な水平線を、これから描き出すのだ。明治維新の諸政策によってわれわれが失ったものを取り戻すということは、150年の歩みを、明治政府が意図的に排除しようとした哲学（考える力）を使って再構築していくプロセスでもあると思う。

図表4－4　生涯未婚率の推移（1920年～2015年）

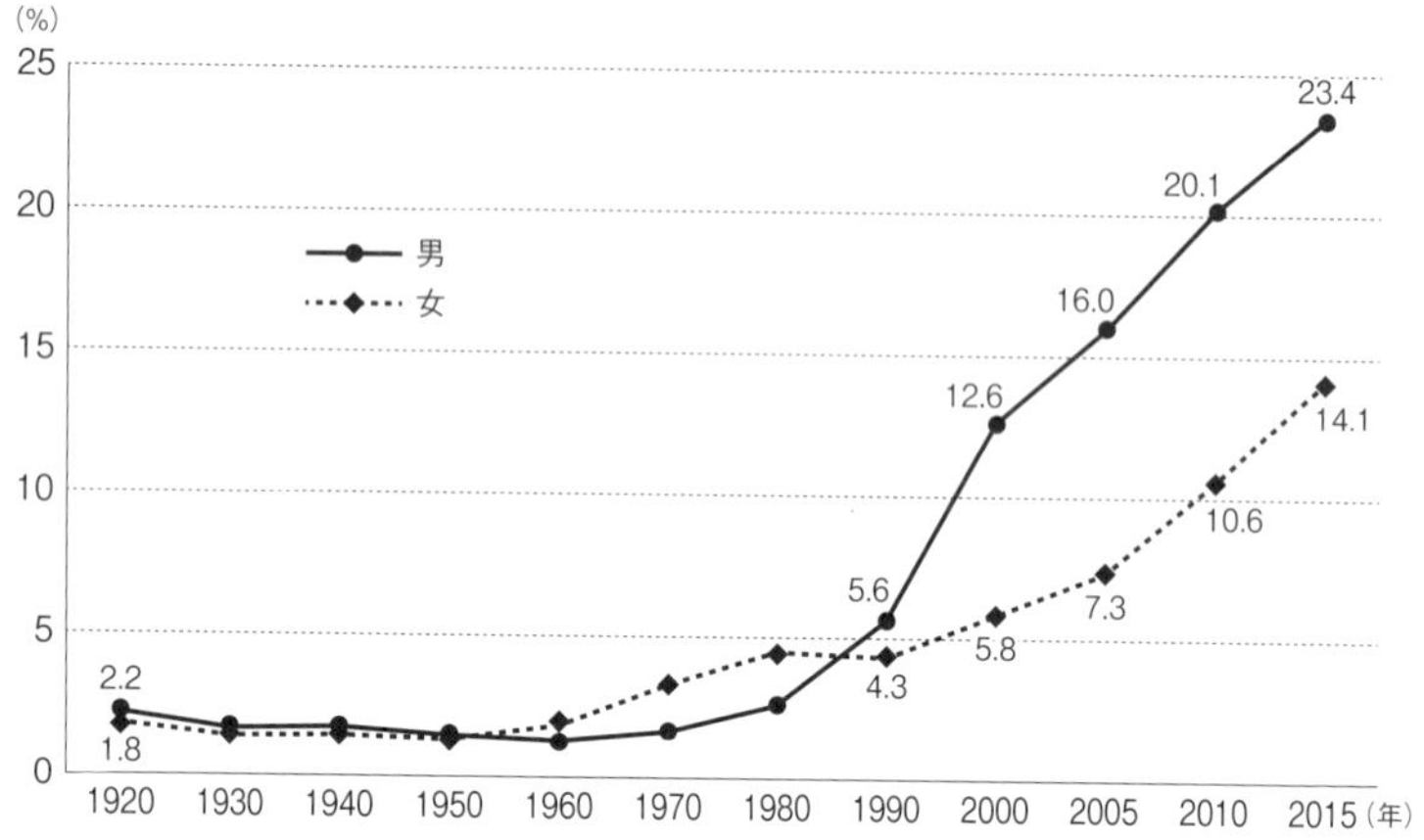

出典:国立社会保障・人口問題研究所

明治から大正へと移り変わる中で、日本には産業構造の転換が起こった。つまり、農業国家から工業国家への変貌である。そうした中で、大都市圏への人口集中が始まった。地方から都市部への人口移動は戦後に引き起こされたと思われているが、実は1920年代、大正時代から急速に始まっていた。人々が次々と都市部へ移住し、片や地方には過疎地域が生まれ、片や大都市部にはいくつものマンモス団地が形成されていく。そうして、人々は地縁を失い、ふるさと（ホームタウン）を喪失し、ベッドタウンの住人となっていった。それは、市民アイデンティティとシビック・プライドの喪失プロ

図表4－5　血縁の減少（家族構成の変化）

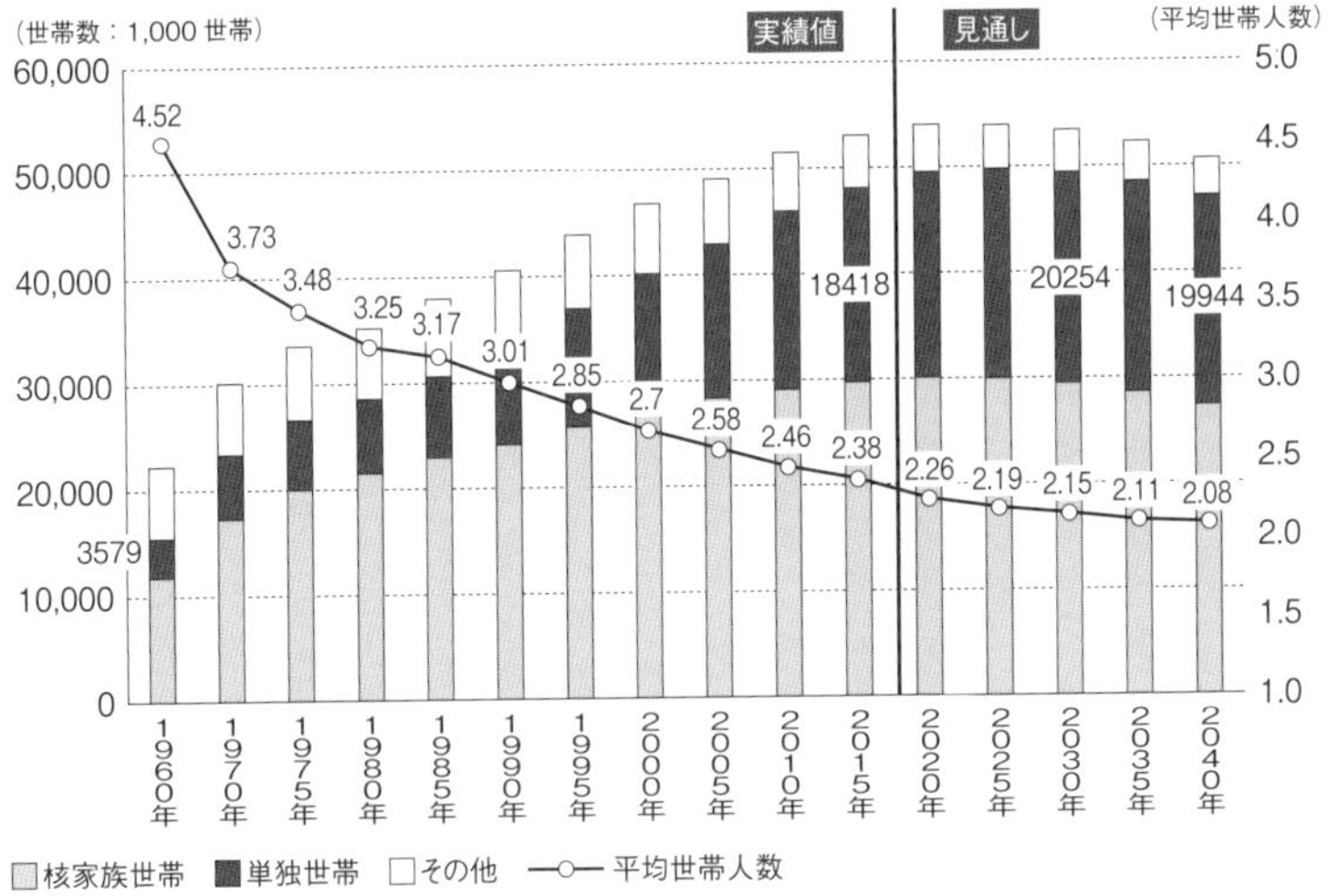

出典:国立社会保障・人口問題研究所

セスでもあった。

　このまま手をこまねいていれば、日本は消滅する。生まれてくる赤ちゃんの数は年間100万人を割り、今後は80万人、70万人、60万人と漸次減っていくが、その一方で、今後死んでいく人は百数十万人を超えていく。つまり、しだいに年間40万人、50万人ずつ減っていき、10年後、20年後は毎年100万人ずつ減っていく時代が確実にやってくる。

　その要因として、人口にまつわる議論においては出生率ばかりが注目されるが、実はそれだけではない。生涯にわたって結婚しない人が増えているのだ。生涯未婚率の増加は人口減少に直

図表4−6　職縁の減少

●社内行事（余暇・レク行事）の実施状況

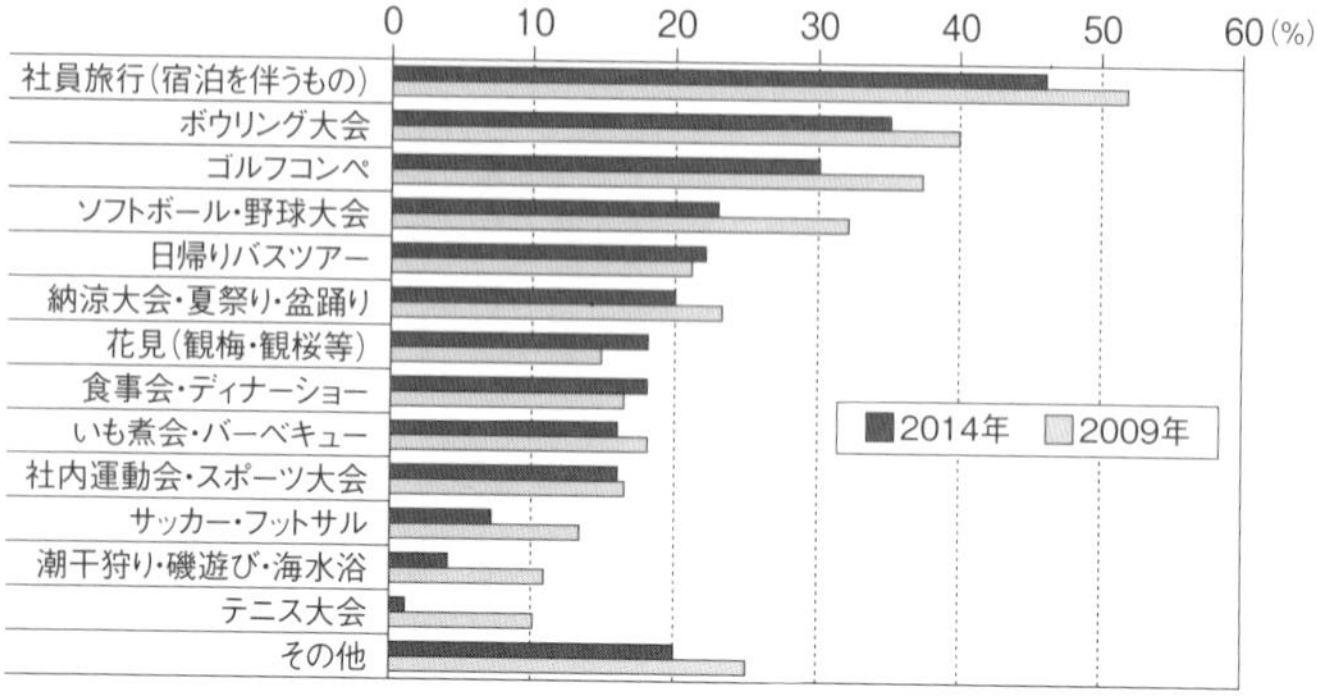

●社員旅行実施率の推移

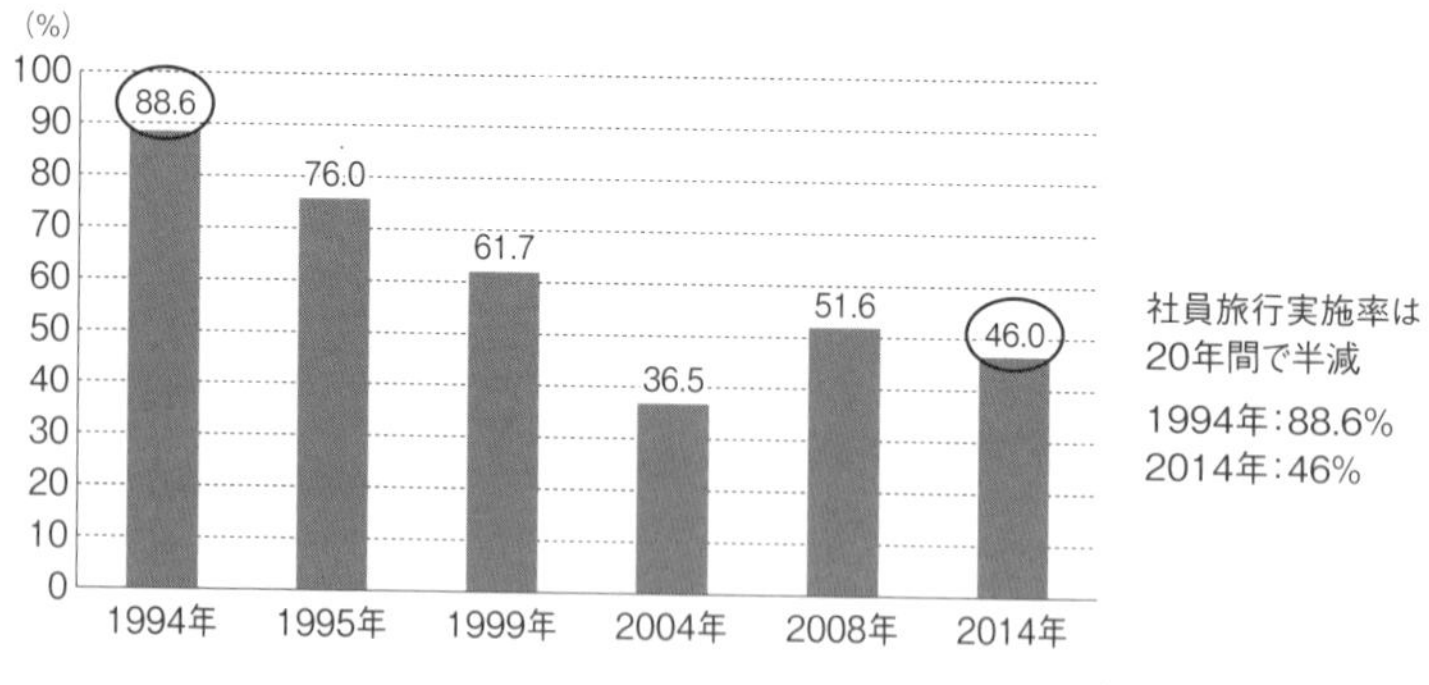

出典：産労総合研究所

図表4－7　地縁の消失

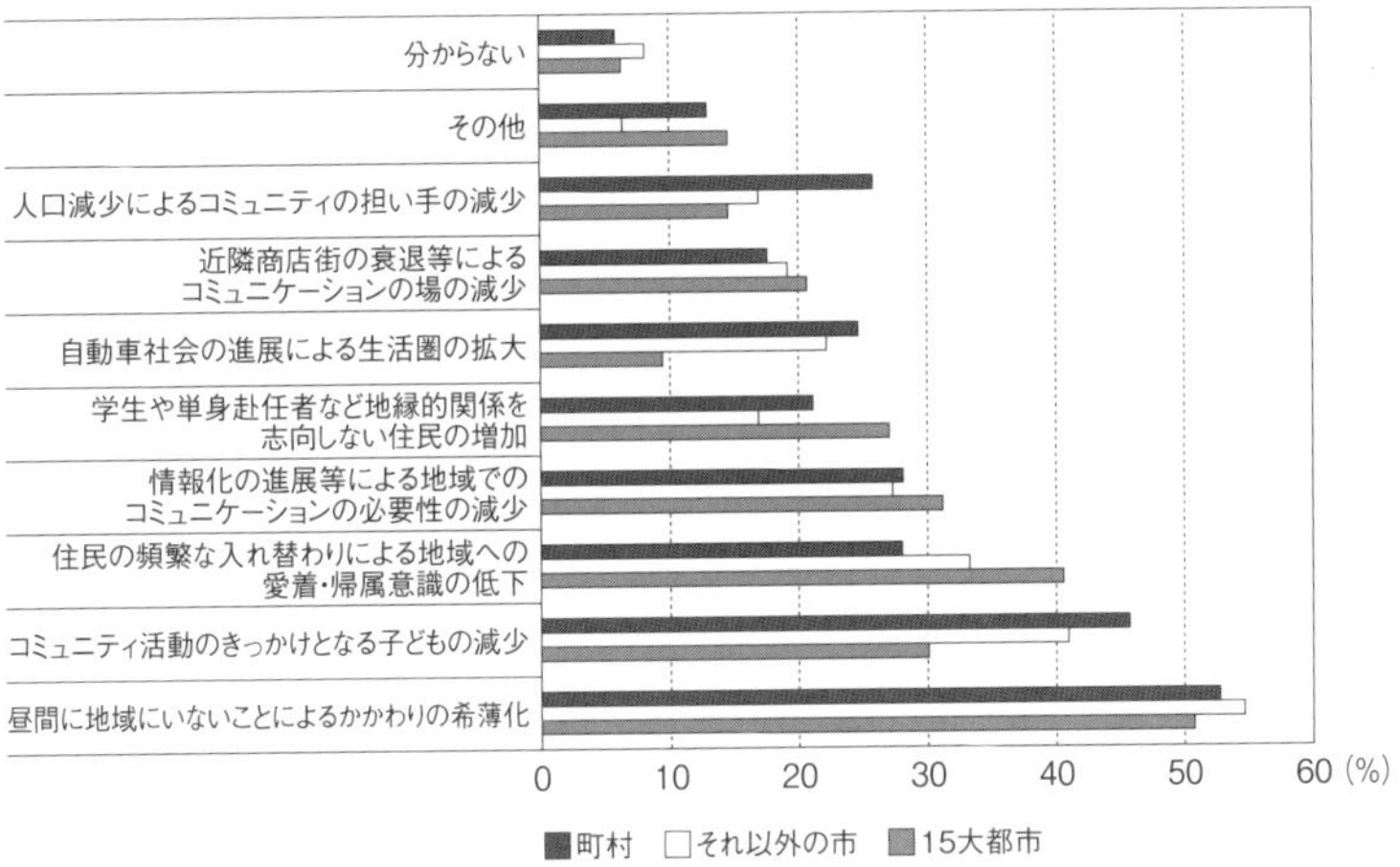

出典:国土交通省(インターネット調査:平成17年12月実施)

結している重要な要因である。同時に、平均世帯人数は、1950年代の4・5人から、今では2・5人以下にまで減っている。かつての大家族世帯は、核家族世帯にとって代わり、そして今や単身世帯の比率が年々増えている。これにつれて血縁が減り、また他方で職縁の減少も進んでいる。職縁とは、職場を通じた人と人とのつながりのことを指す。ここわずか20年の間に社員旅行が激減し、社内のレクリエーションも減少している。これから働き方改革が進めば、さらに減ることになるだろう。

農村部のコミュニティから大都市へと出てきた人たち、つまり、地縁を失った人たちは都市で核家族化して、さらに非婚化の進展と共に核家族すら数少なくなってきた。要するに、日本人の多くは、地縁を失い、血縁を失い、そして職縁も失いつつある。

これは言い換えれば、公共世界の縮小化である。個人と地域の公共世界との関わりが縮みつつあるのだ。私は、これらのプロセスが日本の、そして地域の消滅に直結しているのだと強く思う。過去の延長線上に理想のみらいはやっては来ない。滅ぶことのない理想のみらいは、われわれが自らのビジョンの力によって、新たに生み出す必要がある。

それでは、本書の結論を改めて述べよう。

縮んでしまった公共世界の再構築は、観光立国の推進によってこそ可能になる。本書で述べてきた12の極意に基づいて、日本中の地域、日本中の企業が一生懸命にインバウンド戦略に取り組み、ダイバーシティとインクルージョンを実現していくのだ。そして、この観光立国とは、すなわち哲学立国への挑戦であることに、すべての人々が気づくことによって、公共世界を新しい形で十分に取り戻すことが可能になることだろう。そして、すべての国民、一人ひとりの住民がシビック・プライドに目覚め、「この国のみらいを、そして自らの地域のみらいを切り拓くのは、ほかならぬ自分自身である」ということに気づけば、わが日本を滅ばない国へと変革していくことは十分に可能であると、私は心の底から確信している。

COLUMN

脱ロボットのおもてなし

先日、シンガポールに出張した。タクシー・宿・レストラン・店、どれも実に気持ちいい。想定を超えた笑顔のおもてなしに強い歓迎の意思を感じる。よく訓練されたプロの誇りと責任感が伝わってくる。自分の頭で考え接客している。どんなリクエストにも笑顔で対応してくれる。

一方、日本のおもてなしは、近年危機的な状況にあると諸外国から帰国するたび実感する。大半の接客は暗記したマニュアルの棒読み。うわべだけの慇懃無礼。イレギュラーなことが起こると不機嫌になり低質な対応。臨機応変な接客に出くわすことはまれだ。人手不足も相まって、国内の現場の劣化は深刻化している。

そうしたシーンに出くわすたびに、過日フランスの友人が漏らしたコメントが蘇る。「日本に住み始めたとき、日本はなんておもてなしレベルの高い国だろうと感激した。どの店も笑顔で丁寧な接客をしてくれる。僕に微笑んでくれる。フランスとは大違いだと思った。ところが1年もしないうちに失望に変わった」

失望の理由について詳しい説明を求めた。

「最初は店員が自分の頭で考え、自分の意思で僕のために考えて接客してくれていると思った。でも違った。彼らは店のマニュアル通りに作動しているだけ。まるでロボットのように型通りのセリフを述べて〝つくり笑顔〟を振りまいている。フランスでは店員同士がおしゃべりしていることも多いけど、顧客とはまるで友人のような意思疎通をしてくれる。日本は違う。彼らは人間の仮面をかぶったロボットだ」

私は、反論しようとして断念した。自分の経験においても、思い当たるふしが多々あったからだ。今後の日本の労働力不足は、革新的なAI（人工知能）技術の進化により克服できる。そして単調な仕事はAIが肩代わりしてくれ、人間はよりイノベーティブで創造的な仕事に専念可能となり、労働生産性の大幅な向上が期待できるという楽観論が最近多く見られる。

だが、本当にそうだろうか。確かにすでに報道されている通り、大手銀行では大量の銀行員のリストラが発表され、各種行政手続きもどんどん省力化・AI化が進められている。自動車の自動運転化も部分的にはもうすぐ実現しそうだ。

しかし、ツーリズム産業においてはヒューマンタッチのサービスはなくならない。各種の単純作業はどんどん自動化すべきだが、高度な接客やおもてなしは、ロボットや自動化では不可能だ。

前述のシンガポールのチャンギ空港では、「ターミナル4」が完成しており、出入国管理も荷物の預け入れも完全自動化されていた。2025年までには「ターミナル5（T5）」も稼働し、現状の倍以上のキャパシティが実現するという。

自動化により約2割の人員削減が可能になるが、T5完成時に1万人以上の新規雇用が生まれるとのこと。単純な作業人員は削減されるが、高度な人材開発が行われ、国際競争に打ち克つための人材需要はむしろ増大するという。

訪日外客数はすでに2017年に2869万人に達し、政府は20年に4000万人を目指している。リピート客の獲得が目標達成の鍵となる。再訪客創出のためには、顧客満足度を高めることが必須となる。訪日市場も、モノ消費はコト消費へと移行し、コト消費は最終的に「人に会う旅」へと進化していくだろう。

すなわち、不特定多数の誰かにサービスを受けに来るのでなく、あの宿のあの人を、あの店のあの人を再訪するために、外客が訪日する時代が到来しつつある。マニュアルを超えて、自分の頭で考え接客する、「脱ロボットのおもてなし」と「高度な人材開発」が今、切実に求められている。

（初出『週刊トラベルジャーナル』2018年2月12日号）

あとがき

ちょうど本書の本文を書き上げた直後、私は郷里である九州の佐賀県下を、「インバウンド振興キャラバン」のために回った。その際、前から一度訪問したかったがなかなか果たせずにいた、念願の大隈重信（1838～1922年）侯の生家と記念館に立ち寄ることができた。

慌ただしくタイトな出張日程の中、ほんの少しの時間ながら、大隈侯の生きざまにダイレクトに触れることができた気がした。大隈侯は、二度にわたって総理大臣となり、近代日本の礎《いしずえ》を築き、わが国を代表する私学の雄・早稲田大学を創設した、わが佐賀の生んだ偉人である。彼が亡くなったとき、その葬儀には30万人以上の一般民衆が参列したという。

晴天の平坦な佐賀平野の真ん中、佐賀市城内の中級の武家屋敷街に大隈侯の生家はあった。館内では、記念館の係の方から懇切な説明を受けた。強い衝撃を受けたのは、彼が50歳のとき、1888年に右翼の国粋主義者による爆弾テロで失った右脚の代わりに、終生使っていた右脚の義足（実物）の展示に関する説明を受けているときであった。係の方の説明によると、大隈侯はその生涯において10数回もの襲撃に遭っていたという。右脚の負傷については知っていた。

しかし、迂闊にも彼が全人生において、それほど多くの危機に常に直面していたことは知らなかった（明治政府における彼の盟友《ライバル》であった、大久保利通や伊藤博文も、テロに遭った。彼らは暗殺され非業の死を遂げている。明治維新後も、高い志を貫くには常に死を覚悟していなければならなかったのだ）。

本書の第4章において、私は明治維新によって150年前のわれわれ日本人が手にしたものと共に、われわれが失ったもののうち、代表的な三つの喪失について論じた。その第一が「伝統的な時間感覚の喪失」であった。具体的には、明治5（1873）年の太陰暦から太陽暦へのドラスティックな大転換が、その後の日本人の時間意識に与えた甚大な影響である。実は、この改暦を推進した中心人物こそが、他でもないこの大隈重信侯その人であった。

明治維新において、この第4章で言及したこと以外にも、数多くの変革がなされ、そして過去の大事な伝統を喪失した。しかし同時に、明治維新が成就していなければ、日本は欧米列強に蹂躙され、今の国の形とは違う形にさえなっていたことだろう。

明治維新の成就までには、無数の草莽《そうもう》の志士たちが命を賭して奔走した。志士側だけではない、幕府方の人々も命を懸けて闘い、尊い命を落とした。幕末の争乱の中、そして1878年の西南戦争やそのほかの内戦において、わが国の幾多の若者が、それぞれの使命（ミッション）を成し遂げるために、生命を落としたのだ。明治維新の原動力となったのは、西国の雄藩「薩長土肥」、すなわち今の鹿児島県・山口県・高知県、そしてわが佐賀県にかつてあった諸藩の人々であった。

去る2017年10月、東京で「明治150年記念薩長土肥フォーラム〜近代日本の礎を築いた人・風土・文化を知り、未来を拓く〜」の会場で聞いた、壇上の尾崎正直高知県知事の発言内容は今も忘れられない。その日、尾崎知事は「アジア諸国を併呑せんとする西欧列強が押し寄せる幕末の国難の時代において、もはや徳川幕府は時代に対応できなくなっていた。日本の幸運は、次の時代を切り拓く別の勢力、すなわち薩長土肥というオールタナティブ（代替となるビジョン、そしてその実行勢力）が存在したことだ」というような趣旨の発言をされたのだ。まさしく、その通りであったとそのとき私も思った。しかし、その会場で同時に私の中では一つの自問自答が始まった。「そのオールタナティブの選択肢は、300有余の諸藩という多様性が許容されていた幕藩体制の中で、生まれたものだ。しかし明治維新の廃藩置県によって、中央集権の下、日本という単一の国民国家ができた以上、もはやそのようなオールタナティブは国内に存在していない。では、その150年後の今の人口急減社会、このまま無為に過ごせば日本が消失していく第二の国難の時代において、私たちのみらいを切り拓く運動主体は一体誰なのか?」というものだった。

そしてしばしの思案のあと、その時その場で、私は心の中で、ひそかにつぶやいた。

「それは、言うまでもなく私たち一人ひとりだろう。これは、政府や地方自治体だけの仕事ではない。私たち国民全員の仕事なのだ。ただし、そのためには、明治維新の光と影をしっかり再吟味した上で、全国民が哲学(=自分の頭で考える力)を備え、みらいを切り拓けるようにならなければならない」と。

実は、このときの自問自答がきっかけで、本書が、そしてその第4章で論じた内容が生まれたのだった。

司馬遼太郎著『明治という国家』(日本放送出版協会、1989年)の中に、大隈侯について、面白い記述がある。


もう一つの佐賀の特徴は、人材でした。この藩は異様なほど藩の子弟に勉強させる藩でした。小学段階から大学段階まで設け、各級の節目の進級試験におちると、役料がもらえないばかりか、家禄まで減らされます。

佐賀藩士大隈重信は、むろん家中《かちゅう》きっての秀才でした。が、無個性の人間や、詰込み勉強を親の仇《かたき》のようににくんでいました。後日、かれは自分の藩の詰込み勉強をののしって、

「独自の考えをもつ人物を育てない」

といいましたが、あるいはそうかもしれません。（75〜76頁）

実際、大隈侯は1855年、彼が17歳のとき、詰込み教育を嫌って佐賀藩の藩校であった講道館を自主的に退学している。またのちに1882年、彼が44歳のときに開学した東京専門学校（のちの早稲田大学）の建学の理念は、「学の独立」「自由精神の育成」であった。まさに、彼は自分の頭で真の答えを導き出す、天性の哲学的精神の持ち主だったようである。

私は、第4章において、明治維新によって喪失した三つのものを述べることによって、明治維新の功績を一方的に断罪し、否定しているのではない。その時その時代を生きた人々は、それが正しいと思い、命を懸けて実行したのだ。それを、後代の私ごときが今さら批判しても何の意味もない。そうではない。われわれは、150年前の志士たち・偉人たちをただ顕彰して敬うだけではなく、これから150年後のみらいを切り拓く主体となれるような志士の一人に、私自身がなること、そしてその理念を本気で実現することにコミットしていることを前提に論じているつもりである。

そうなのだ。まことに非力であるが、不肖私もまた、残りの半生をかけて、そうした観光立国を担う21世紀の志士の一人でありたいと願っている。本文で縷々述べてきた通り、わが国のインバウンドはまだ始まったばかりである。一人でも多くの人々と共に、この国のみらいを切り拓く運動体の一人でありたいと強く願っているのだ。本書を読んで、その内容にいささかでも共鳴いただいた方がいれば、ぜひこの観光立国のムーブメントに、「花仕事」と「米仕事」の両方の従事者として参加し、人口減少に共に立ち向かい、持続可能なみらいを切り拓くインバウンドの志士として名乗りを上げ、「醸す力」を使って、それぞれの持ち場で活躍していただきたいと思う。そして、そうした方々と、ぜひご一緒に日本の、そして世界のみらいを共に切り拓いていきたいと心から願っている。

そして、むすびの言葉として、大隈重信侯の次のことばを引用したい。

人間が生きるのは、社会の利益のために存在する（＝花仕事をする）**ということだ。ただ生きるのでは**（＝米仕事だけでは）**つまらない。**（括弧の中は、筆者が挿入）

◆参考文献・ウェブサイトほか◆

【序　章】
・『UNWTO Tourism Highlights 2017 Edition』、国連世界観光機構（UNWTO）、2017年
・外国人労働力について（内閣府）
・『儲かるインバウンドビジネス10の鉄則――未来を読む「世界の国・地域分析」と「47都道府県別の稼ぎ方」』中村好明著、日経BP社、2017年
・『ドン・キホーテ流　観光立国への挑戦――激安の殿堂が切り拓くアジア観光交流圏という大市場』中村好明著、メディア総合研究所、2012年
・『地方創生を可能にする　まちづくり×インバウンド　成功する「7つの力」』中村好明著、朝日出版社、2016年

【第1章】
・『UNWTO Tourism Highlights 2018 Edition』、国連世界観光機構（UNWTO）、2018年
・東京都オリンピック・パラリンピック準備局公式ウェブサイト
・公益財団法人東京オリンピック・パラリンピック競技大会組織委員会公式ウェブサイト
・公益社団法人日本オリンピック委員会公式ウェブサイト

【第2章】
・『シビックプライド――都市のコミュニケーションをデザインする』伊藤香織・紫牟田伸子監修、シビックプライド研究会編著、宣伝会議、2008年
・『シビックプライド2【国内編】――都市と市民のかかわりをデザインする』伊藤香織・紫牟田伸子監修、シビックプライド研究会編著、宣伝会議、2015年

【第3章】
・『JHMA認定 ホスピタリティ・コーディネーター教本』日本ホスピタリティ推進協会、2018年
・『「夜遊び」の経済学――世界が注目する「ナイトタイムエコノミー」』木曽崇著、光文社新書、2017年
・『善意立国論――ふるさと納税型クラウドファンディングが拓く「日本創生」の未来』川崎貴聖著、創藝社、2018年
・『転換するグリーン・ツーリズム――広域連携と自立をめざして』青木辰司著、学芸出版社、2010年
・『関係人口をつくる――定住でも交流でもないローカルイノベーション』田中輝美著、木楽舎、2017年
・生産年齢人口等の推移（内閣府）
・平成29年訪日外国人消費動向調査（観光庁）
・農林水産省の公式ウェブサイト（農泊）
・『インバウンド戦略――人口急激には観光立国で立ち向かえ！』中村好明著、時事通信社、2014年
【第4章】
・「明治初期の単一区制、大区小区制について」井戸庄三、『滋賀医科大学基礎学研究』第10巻、1999年
・「『日本的霊性』を問い直す」鎌田東二、『千葉大学公共研究』第3巻第1号、2006年
・『神々の明治維新――神仏分離と廃仏毀釈』安丸良夫著、岩波書店、1979年
・『神仏習合』義江彰夫著、岩波書店、1996年
・『文明開化と民衆――近代日本精神史断章』奥武則著、新評論、1993年
【あとがき】
・『「明治」という国家』司馬遼太郎著、日本放送出版協会、1989年

【著者紹介】
●中村 好明（なかむら・よしあき）

一般社団法人日本インバウンド連合会（JIF）理事長
一般社団法人国際22世紀みらい会議（Mellon 22 Century）議長

1963年、佐賀県生まれ。上智大学出身。2000年、株式会社ドン・キホーテ（2019年よりパン・パシフィック・インターナショナルホールディングスに改称）入社。広報・IR・マーケティング・新規事業の責任者を経て、08年7月、社長室ゼネラルマネージャー兼インバウンドプロジェクトの責任者に就任。13年7月、株式会社ジャパン インバウンド ソリューションズを設立、その代表に就任。ドン・キホーテグループに加え、国・自治体・民間企業のインバウンド分野におけるコンサル業務、教育研修事業、プロモーション連携事業に従事。2017年4月より一般社団法人日本インバウンド連合会（JIF）理事長に就任。日本全体のインバウンド振興に取り組む。日本インバウンド教育協会理事。ハリウッド大学院大学および神戸山手大学客員教授。日本ホスピタリティ推進協会理事・グローバル戦略委員長。全国免税店協会副会長。みんなの外国語検定協会理事。京都府観光戦略会議委員。熊本市MICEアンバサダー。

著書に『ドン・キホーテ流 観光立国への挑戦』（メディア総合研究所、2013年）、『インバウンド戦略』（時事通信社、2014年）、『接客現場の英会話 もうかるイングリッシュ』（朝日出版社、2015年）、『観光立国革命』（カナリアコミュニケーション、2015年）、『地方創生を可能にする　まちづくり×インバウンド 「成功する7つの力」』（朝日出版社、2016年）、『儲かるインバウンドビジネス10の鉄則』（日経BP社、2017年）がある。

2020を越《こ》えて勝《か》ち残《のこ》る　インバウンド戦略《せんりゃく》 ⓬の極意《ごくい》
観光立国《かんこうりっこく》の礎《いしずえ》はシビック・プライドにあり

2018年12月20日　初版発行

著　　者　中村 好明
発 行 者　松永　努
発 行 所　株式会社時事通信出版局
発　　売　株式会社時事通信社
〒104-8178　東京都中央区銀座5-15-8
電話03(5565)2155　http://bookpub.jiji.com

印刷／製本　株式会社太平印刷社

©2018 NAKAMURA, Yoshiaki
ISBN978-4-7887-1597-4 C0034　Printed in Japan
落丁・乱丁はお取り替えいたします。定価はカバーに表示してあります。